Conserver la Couverture

L'EXCEPTION DE JEU

ET LES

OPÉRATIONS DE BOURSE

PAR

S. WIENER

AVOCAT PRÈS LA COUR D'APPEL DE BRUXELLES,
JUGE SUPPLÉANT
AU TRIBUNAL DE PREMIÈRE INSTANCE.

« Qu'il reste obligé, celui qui a voulu s'obliger ! »
(Loi unique de l'Ordenamiento de Alcalà.)

———◆———

BRUXELLES,
BRUYLANT-CHRISTOPHE & Cᵗᵉ,
ÉDITEURS,
RUE BLAES, 33.

PARIS,
LIBRAIRIE A. MARESCQ, AINÉ,
A. CHEVALIER-MARESCQ, SUCCESSEUR,
RUE SOUFFLOT, 20.

1883

L'EXCEPTION DE JEU

ET LES

OPÉRATIONS DE BOURSE

8° F
50033

Bruxelles. — Typ. BRUYLANT-CHRISTOPHE & Cie, rue Blaes, 33.

L'EXCEPTION DE JEU

ET LES

OPÉRATIONS DE BOURSE

PAR

S. WIENER

AVOCAT PRÈS LA COUR D'APPEL DE BRUXELLES,
JUGE SUPPLÉANT
AU TRIBUNAL DE PREMIÈRE INSTANCE.

« Qu'il reste obligé, celui qui a voulu s'obliger ! »
(*Loi unique de l'Ordenamiento de Alcalà.*)

BRUXELLES,	PARIS,
BRUYLANT-CHRISTOPHE & Cie,	LIBRAIRIE A. MARESCQ, AINÉ
ÉDITEURS,	A. CHEVALIER-MARESCQ, SUCCESSEUR,
RUE BLAES, 33.	RUE SOUFFLOT, 20.

1883

LETTRE DE M. ALFRED NAQUET,

membre de la Chambre des députés.

Paris, le 18 mai 1882.

MONSIEUR,

J'ai lu avec un très vif intérêt vos articles de LA BELGIQUE JUDICIAIRE...

Si vous avez lu mes trois articles du VOLTAIRE, vous aurez pu voir que nous nous rencontrons entièrement; et si l'article que j'ai envoyé il y a huit jours au PETIT LYONNAIS était sous vos yeux, vous verriez que j'ai développé le même argument que vous, à savoir que quand on n'est pas de la profession, on se ruine à la Bourse, comme on se ruine partout où l'on ne connaît pas ce que l'on fait.

J'ajoute même que plus on s'éloigne du jeu, plus les ignorants de la profession sont sûrement ruinés.

Je suis bien heureux de voir que je suis tombé d'accord — sans nous être concertés — avec un esprit aussi versé que vous dans la matière, et j'ai grand plaisir à faire cette constatation.

Il serait fort à souhaiter que vous fissiez paraître vos articles en brochure : vous porteriez ainsi un grand coup à l'exception qui protège aujourd'hui les malhonnêtes gens, et vous contribueriez à hâter le moment de la réforme que doivent souhaiter tous les partisans de la liberté des contrats.

J'ai trouvé d'ailleurs dans votre travail bien des points que j'ai notés et dont j'espère tirer parti.

Veuillez agréer....

(Signé) A. NAQUET.

Cette lettre explique la publication de notre volume. M. Naquet nous a autorisé, de la façon la plus gracieuse, à la reproduire. Il nous a a permis également de donner quelques extraits du remarquable rapport qu'il vient de présenter à la Chambre des députés, sur le projet de loi relatif aux valeurs mobilières.

Infatigable lorsqu'il s'agit de combattre pour le Droit, M. Alfred Naquet a lutté longtemps de la parole et de la plume avant de porter cette question à la tribune législative, et l'on peut dire qu'il personnifie aujourd'hui la cause des marchés à terme, comme il personnifiait déjà la grande cause du divorce.

On comprend ce qu'a dû être pour nous un encouragement venant d'un tel homme : nous le remercions ici du fond du cœur de nous l'avoir donné, et d'avoir permis que nous placions sous son patronage ce bien modeste travail.   S. W.

INTRODUCTION

Depuis la promulgation du code civil, la fortune publique a subi une transformation complète. Fertilisée par le crédit, la richesse mobilière, qui existait à peine au commencement de ce siècle, a pris une extension considérable.

Fonds d'États, de provinces et de communes, actions et obligations de chemins de fer ou d'entreprises diverses : tous ces titres, qui représentent, sous des formes variées, le prêt fait par l'épargne à l'activité humaine, ont été livrés à la bourse, qui en a fait aussitôt l'objet de négociations multiples.

De là des combinaisons nouvelles, des échanges

bien autrement fréquents et rapides que les échanges immobiliers ; de là aussi des contestations, des questions légales qui nécessitèrent bien souvent des recours aux tribunaux. Ceux-ci se trouvèrent fort embarrassés. Quelle loi devaient-ils appliquer ? Quelle règle suivre ? Le code civil n'a pas réglementé les opérations dont il ignorait l'existence, et le législateur, lui, garde, devant ces choses nouvelles, une majestueuse impassibilité, un silence continu (1).

Il s'est produit de cette manière un état de choses que la parole autorisée de M. Malou a caractérisé ainsi : « Nos lois civiles, en général, datent d'une époque où les titres au porteur étaient à peu près inconnus ; elles ne sont pas en harmonie avec le nouvel état de choses. Ce désaccord des lois et des faits donne lieu à d'incessantes difficultés et à des procès sans nombre, à l'occasion des transactions diverses dont les titres au porteur sont l'objet, et comme la jurisprudence ne peut refaire la loi ou suppléer à la loi, il intervient trop souvent, par cette

(1) Ce n'est pas seulement pour venir en aide aux capitalistes que nous voudrions voir le législateur sortir de son apathie : il est juste, pensons-nous, que la propriété des meubles soit garantie comme celle des immeubles ; il est juste aussi que les titres au porteur participent, comme le domaine foncier, aux charges générales, et soient frappés d'impôts. La Belgique est un des rares pays dans lesquels la richesse mobilière est exempte de toutes taxes.

application des principes anciens à des conventions pour lesquelles ils n'ont pas été établis, des décisions, légales sans doute, mais bizarres et injustes à la fois... »

On pourrait citer de nombreux exemples des conséquences fâcheuses que produisent ces antinomies. Pour ne relever que la plus importante, la propriété même des titres au porteur n'est pas encore protégée dans notre pays d'une façon efficace.

C'est au moyen de quelques dispositions du code civil, empruntées au titre *De la prescription,* que l'on prétend régler tout ce qui la concerne et résoudre les questions délicates qui s'élèvent à propos de la destruction, de la perte ou du vol des valeurs mobilières.

Il en est de même des marchés à terme qui occupent parmi les opérations de bourse, une place prépondérante. Trois articles du code Napoléon les régissent d'une façon absolue, et servent à décider de leur validité ou de leur annulation.

Le marché présente-t-il, selon l'appréciation du juge, les caractères du jeu ou du pari..., on lui applique l'article 1965, on le prive d'une action en justice, on le fait descendre, en un mot, du rang des contrats honnêtes pour le rejeter parmi les déclassés, parmi les *jeux de bourse*.

Ce dernier mot dit tout et semble justifier la réprobation qui frappe les conventions auxquelles on croit pouvoir l'appliquer.

Sans doute, il faut louer l'intention des magistrats qui ont voulu réprimer les désordres et les excès de la spéculation. On ne peut que déplorer les tristes effets de l'agiotage et le funeste exemple qu'il donne; aujourd'hui, avec plus de vérité encore que de son temps, le chancelier d'Aguesseau pourrait dire : « qu'une journée d'agiotage est souvent plus lucrative que des années entières de peines et d'application dans les travaux pénibles des autres professions, et qu'il n'en faut pas davantage pour porter une grande partie des hommes à renoncer à ces travaux ».

Mais il est permis de se demander si la justice a atteint le but qu'elle s'est proposé. Est-elle arrivée à définir exactement le jeu de bourse et, dans cette tâche délicate, ne l'a-t-elle pas confondu parfois avec la spéculation licite qui, loin d'être nuisible à la société, est l'auxiliaire le plus puissant du commerce et de l'industrie?

A-t-elle réussi à décourager l'improbité, ou bien celle-ci n'a-t-elle pas profité sans vergogne d'une jurisprudence qui écarte du prétoire tous les marchés qui ont l'apparence du jeu?

Ces questions, nous allons tenter de les résoudre, et si, après un examen réfléchi, nous ne trouvons pas dans l'opération que l'on appelle *jeu de bourse* les éléments immoraux sur lesquels on a toujours assis sa condamnation; si les colères que son nom seul suscite ne nous semblent pas suffisamment justifiées, et nous apparaissent, au contraire, comme un écho vivace d'anciennes et injustes préventions; si, surtout, nous constatons que le jeu de bourse est si intimement lié à la spéculation que l'on ne puisse détruire l'un sans atteindre l'autre... oh! alors nous nous demanderons, sans nous laisser séduire par des mots qui trahissent trop souvent le sens des choses, s'il convient de priver plus longtemps ces conventions de l'appui de la justice.

Le moment est bien choisi pour faire cette enquête.

Notre Chambre des représentants est saisie, depuis le 1ᵉʳ février 1882, d'une pétition demandant que l'article 1965 du code civil cesse d'être applicable aux opérations de bourse, et le rapporteur,

M. Bockstael, conclut à ce que cette pétition soit accueillie.

D'un autre côté, l'éminent jurisconsulte qui a été chargé par le gouvernement de préparer la revision du code civil devra sans doute étudier la question lorsqu'il abordera le titre relatif au jeu et au pari. Cette étude, M. Laurent nous promet de la faire, en se plaçant au point de vue des nécessités de l'époque présente (1).

La question peut donc être traitée d'une façon opportune ; nous pouvons ajouter qu'elle est mûre et prête à recevoir une solution. Le passé nous fournit les éléments d'appréciation les plus complets.

Nombreux sont les décrets qui se sont occupés des choses de la bourse, nombreux aussi les projets

(1) Nous interprétons comme une promesse de ce genre, le passage suivant de son avant-projet du code civil :

« Les antinomies se rencontrent dans toutes les parties du code civil. Jadis, les fortunes étaient immobilières ; la richesse mobilière, fruit du commerce et de l'industrie, était peu considérable et peu estimée.

« Le droit reflétait les mœurs.

« Mais l'état social s'est singulièrement modifié, ce changement n'a pas frappé les auteurs du code ; depuis lors il est devenu d'une évidence palpable. Il est urgent que la législation se mette en harmonie avec une société nouvelle. Dit-on encore aujourd'hui que « la posses- « sion des meubles est chose vile (*Vilis mobilium possessio*) ? »

« Y a-t-il en droit une différence entre les meubles et les immeubles ? En principe, non. Donc tout le système traditionnel maintenu par le code doit être changé, sauf dans le cas où les règles différentes établies pour les meubles ont une raison d'être. » (*Avant-projet du code civil,* p. v.)

que le législateur a discutés pour tenter de remédier aux abus dont celle-ci a été fréquemment le théâtre.

Nous examinerons, dans une rapide analyse, les résultats qu'ont produits les premiers; nous rechercherons les motifs qui ont fait abandonner les seconds.

A côté de la législation, la jurisprudence est également intéressante à consulter : adoptant quelque peu, dans cette matière, les progrès que lui révèle une connaissance de plus en plus approfondie des opérations financières, nous la verrons obéir à des courants divers : tantôt, émue des scandales qui s'offrent à ses yeux, elle frappe indistinctement tous les marchés à terme; tantôt elle incline à distinguer ceux dont elle constate l'exécution de ceux qui lui apparaissent comme une simple spéculation sur la différence des cours. Plus tard, après quelques retours à ses premières rigueurs, elle proclame la présomption de validité pour toutes les affaires de bourse.

Nous verrons que chacune de ces évolutions marque un pas nouveau vers la reconnaissance du principe que certains législateurs semblent avoir entrevu depuis longtemps : celui de la liberté absolue des conventions.

Nous interrogerons enfin l'exemple que nous donnent les législations étrangères qui, pour la plupart, ont réglementé les opérations de bourse par des lois spéciales.

L'EXCEPTION DE JEU

ET

LES OPÉRATIONS DE BOURSE

APERÇU HISTORIQUE.

Si nous devions, au début de cette étude, suivre la jurisprudence sur le terrain où elle s'est placée ; si nous devions, à son exemple, considérer certaines opérations de bourse comme étant du jeu et leur appliquer par suite l'article 1965 du code civil, qui refuse toute action « pour une dette de jeu ou pour le payement d'un pari », c'est l'histoire du jeu et du pari que nous devrions faire comme préface à l'examen de la législation actuelle.

Nous rechercherions, dans ce cas, les origines de la loi relative aux contrats aléatoires, nous verrions que de tout temps ceux-ci ont été traités avec une rigueur extrême par le législateur; nous relirions les pages dans lesquelles Cicéron flétrit éloquemment le jeu, et les passages de ses discours où il accole le nom des joueurs à celui des adultères et des débauchés, *omnes aleatores, omnes adulteri, omnes impuri impudesque*; nous verrions aussi que le droit canon, et, plus tard, les lois écrite et coutumière se sont montrées également sévères pour une passion qui, disaient-elles, rend infâmes ceux qui s'y adonnent; nous reprendrions enfin les travaux préparatoires du code et nous applaudirions sans doute aux anathèmes que Portalis, Siméon et Duveyrier adressent au jeu, à ce « monstre antisocial », cause de toutes les ruines et de tous les désordres.

Cette étude historique serait certes des plus intéressantes et nous donnerait la persuasion, si nous ne l'avions pas eue déjà, que le jeu, ce compagnon de l'oisiveté, cet ennemi du travail, mérite tous les reproches qu'on lui a faits, toute la honte qu'on lui a imprimée, toutes les pénalités dont on l'a frappé.

Mais... que nous apprendra-t-elle au point de vue qui nous occupe, quelle lueur jettera-t-elle sur la question que nous voulons discuter?

Telle ordonnance de saint Louis sur les jeux de hasard; tel décret de Charles V prohibant le *trictrac*, les *quilles*, les *billes* et les *boules* sous peine de 40 sols d'amende; la déclaration de Louis XIII fulminant contre les *brelans*; les ordonnances du parlement de Paris contre les jeux de *pharaon* et de *barbacole*; tous ces décrets sur lesquels s'étendent complaisamment la plupart des auteurs qui ont traité notre matière, entraînés qu'ils sont par l'illogisme du système actuel, tout cela nous enseignera-t-il quelque chose sur le caractère illicite ou valable du marché à terme, du report, de l'opération à prime?

Non, ce n'est pas dans ces anciens édits, véritables ancêtres des articles du code civil, que nous trouverons le passé législatif des jeux de bourse; ce sont les lois spéciales qui, sous des inspirations diverses, ont réglementé ce genre d'opérations : arrêtés de l'ancienne monarchie, décrets de la période révolutionnaire, lois de l'empire, tentatives légiférantes de nos chambres belges; ce sont ces différents actes qui doivent réellement servir d'introduction à la jurisprudence actuelle; ce sont eux qui nous expliqueront les idées traditionnelles qui se sont formées au sujet des marchés à terme ; ce sont eux enfin qui éclaireront du jour lumineux de l'expérience la réforme dont nous sollicitons l'adoption.

I

LÉGISLATION ANTÉRIEURE AU CODE CIVIL.

§ Ier.

Décrets de l'ancienne monarchie.

Le premier décret que l'on rencontre date du 24 septembre 1724; il fut rendu dans des circonstances qu'il est utile de rappeler.

Le *système* de Law venait de s'effondrer au milieu de la ruine générale; après quatre ans d'un agiotage effréné, auquel toutes les classes de la société avaient participé et qui avait été encouragé et dirigé, pour ainsi dire, par le régent lui-même, la France se retrouvait d'autant plus appauvrie qu'elle avait pris les habitudes d'un luxe inconnu jusqu'alors.

Nous ne pouvons, dans le cadre restreint que nous nous sommes donné, retracer toutes les phases de cette triste aventure; disons toutefois que les premières idées émises par Law, les premières lignes de son plan financier étaient justes et pratiques. Elles n'étaient d'ailleurs que la mise en œuvre des principes contenus dans son livre sur l'*Argent et le Commerce*, principes que tout économiste tiendrait à honneur de défendre encore aujourd'hui.

S'il avait persévéré dans la voie qu'il avait commencé à suivre, s'il ne s'était pas laissé entraîner par son ambition sans mesure et aussi par les sollicitations d'une cour affamée de richesses et de plaisirs, Law se serait attiré les éloges et la reconnaissance de ses contemporains, au lieu de mériter leur haine et leurs malédictions.

« Law ne fut pas, comme on l'a dit souvent, un aventurier venu en France pour profiter de la faiblesse du régent : il fut le premier des financiers qui ait étudié avec attention les phénomènes et les causes de la production des richesses... il travailla à étendre le commerce, à rétablir la marine, à fonder des colonies ; il supprima des droits onéreux. Il voulait abolir les magistratures vénales, créer une administration, des impôts moins tyranniques et plus simples. Enfin, il établit une banque qui, si elle eût vécu, eût puissamment servi le commerce et augmenté les richesses du pays (1). »

A côté de ces paroles, on peut placer le jugement de Voltaire qui, devançant avec la sûreté du génie les enseignements de l'histoire, disait déjà que Law avait presque effacé ses fautes en donnant à la France les premières notions du crédit, et qui prophétisait la vérité de cette phrase écrite par le célèbre financier du fond de l'exil : « L'introduction du crédit

(1) LEVASSEUR, *Étude du système de Law*, Paris, 1854.

apportera plus de changements entre les puissances de l'Europe que la découverte des Indes. »

« Il arriva », dit Voltaire en résumant les enseignements que l'on doit tirer de l'histoire de Law, « il arriva, par un prestige dont les ressorts ne purent être visibles qu'aux yeux les plus exercés et les plus fins, qu'un système tout chimérique enfanta un commerce réel et fit renaître la Compagnie des Indes, établie autrefois par le célèbre Colbert et ruinée par les guerres. Enfin, s'il y eut beaucoup de fortunes particulières détruites, la nation devint bientôt plus commerçante et plus riche. Ce système éclaira les esprits, comme les guerres civiles aiguisent les courages (1). »

Pendant que Law était à l'apogée de sa puissance, le chancelier d'Aguesseau n'avait cessé de faire entendre de courageuses mais vaines protestations contre les excès auxquels se livrait toute une population.

Ne réussissant pas à se faire écouter, il composa, dans sa retraite de Fresnes, son fameux *Mémoire sur le commerce des actions*. C'est dans ce livre qu'il faut rechercher les idées qui inspirèrent l'édit de 1724.

Sans doute l'on est ému, en le lisant, du souffle honnête et pur qui en anime toutes les pages ; mais

______

(1) VOLTAIRE cité par GUILLERY. — *Des Sociétés commerciales*, Introduction historique.

l'on doit constater d'autre part que l'auteur, emporté par son zèle de moraliste, envisage les choses de la finance avec une sévérité qui n'est plus de notre temps et que l'on a bien tort de nous proposer aujourd'hui en exemple. « Toute spéculation est illicite », dit d'Aguesseau en résumant les arguments qu'il a accumulés contre les marchés de bourse.

Quelle confiance cette parole peut-elle nous inspirer lorsque, à propos des choses qui ont une cause licite et de celles qui ont une cause illicite, nous voyons le grand chancelier s'exprimer ainsi :

« Que l'on prenne, dit-il, un exemple plus simple et qui soit sujet à moins de contradiction des choses illicites : celui des nudités dans les tableaux. La chose en elle-même peut n'être pas absolument vicieuse, si elle ne cause aucune émotion sur le peintre qui ne cherche que la perfection de son art; cependant s'il expose un tel spectacle en un lieu public où des personnes de tout âge, de tout sexe et de toute sorte de tempéraments ou inclinations passent tous les jours, il est moralement sûr que ce spectacle fera des impressions très dangereuses, et qu'il aura des suites contraires aux bonnes mœurs. Il n'en faut pas davantage pour regarder le gain qu'un peintre fera par cette voie comme un gain honteux et justement réprouvé.

« C'est par la même raison que ceux qui ne croient pas que la comédie et les autres spectacles soient vicieux en eux-mêmes, mais qui conviennent des suites mauvaises qu'ils produisent infailliblement, doivent aussi avouer que le gain des comédiens est un gain illégitime (1). »

Si nous avons tenu à reproduire ces lignes, c'est parce qu'elles montrent jusqu'à quel point le grand penseur dont elles émanent subissait et partageait les idées et la morale de son époque; c'est aussi parce qu'elles justifient ceux qui refusent d'accepter sans réserve les reproches et même les anathèmes que d'Aguesseau ne cesse de prodiguer, dans son mémoire, aux choses de la bourse et à la spéculation.

Ne jugeant cette spéculation que par les débordements dont il avait été le témoin indigné, d'Aguesseau enveloppa dans une même réprobation les manœuvres doleuses qu'il avait vu employer pour produire une hausse ou une baisse factice, l'*agiotáge* en un mot, et la spéculation honnête, celle qui consiste dans l'achat ou la vente que l'on opère pour réaliser un bénéfice sur la revente ou sur le rachat.

Pour lui, la spéculation était une ennemie qu'il fallait tâcher d'écraser; l'arrêt du conseil du 24 septembre 1724, dont il fut l'inspirateur, était destiné à lui porter un coup mortel en prohibant d'une manière absolue les marchés à terme.

L'article 27 enjoignait, en effet, aux particuliers

______

(1) *Œuvres de* D'AGUESSEAU, t. X, p. 183.

qui voulaient négocier des valeurs commerciales
« de remettre l'argent et les effets aux agents de
« change avant l'heure de la bourse, sur leur recon-
« naissance portant promesse d'en rendre compte
« dans le jour », et l'article 30 prescrivait aux
agents qui négociaient une vente de se donner réciproquement promesse de se fournir dans le jour :
« sçavoir, par l'un les effets négociés et par l'autre
« le prix des dits effets ».

Ainsi les marchés à terme étaient complètement
proscrits et la spéculation renfermée dans les étroites
limites de l'opération au comptant.

C'était évidemment par un sentiment de réaction
exagéré que l'on consacrait des dispositions aussi
funestes pour le crédit public et que l'on sacrifiait
ainsi, comme le dit Troplong, la liberté des transactions à un intérêt de circonstance.

Qu'il avait été mieux inspiré le chancelier
d'Aguesseau lorsque, appréciant, en jurisconsulte,
cette fois, la nature des ventes à terme, il avait
reconnu la légalité de ces opérations et qu'il disait
que l'on pouvait vendre une valeur que l'on n'a pas
encore, mais que l'on pourra se procurer, tout comme
« l'espérance d'un bien ou d'un profit peut être
« vendue comme le bien ou le profit même ».

L'arrêt de 1724 ne fut pas exécuté; il ne pouvait
pas l'être.

Ce que l'on voulait supprimer, en effet, c'étaient

toutes les opérations qui ne se liquident pas immédiatement, c'étaient celles qui sont soumises aux incertitudes de l'avenir.

Or, n'est-ce pas précisément sur les prévisions de l'avenir que se trouve basée l'immense majorité des opérations commerciales?

Se figure-t-on une bourse de commerce ou d'effets publics dans laquelle le négociant ou le banquier ne pourrait traiter que des opérations au comptant et de laquelle on exclurait cet esprit spéculatif qui est l'âme même du commerce? Supprimer du négoce l'élément aléatoire, autant vaudrait supprimer le négoce lui-même!...

En droit, la proscription des marchés à terme était tout aussi injustifiable.

La spéculation ne fut donc pas arrêtée par les liens dont on prétendait l'envelopper; elle s'en dégagea bientôt et reprit un nouvel essor.

Aussi, continuant le singulier duel qu'il avait entrepris contre elle, le gouvernement rendit un nouveau décret, le 7 août 1785.

C'était à l'époque où la France, accablée d'embarras de toutes sortes, cherchait à conjurer la banqueroute qui la menaçait.

Le cours du papier de l'État se ressentait de la situation générale et, sous l'empire de la détresse qui grandissait chaque jour, subissait une baisse continue.

Le gouvernement ne vit qu'un remède à cet état de choses : produire, au besoin par des moyens artificiels, une hausse apparente de ses titres.

Le roi lui-même venait d'ailleurs de lui donner l'exemple en soldant de sa propre caisse les pertes considérables que.le fameux abbé d'Espagnac avait éprouvées par suite d'achats follement exécutés au moment même où la baisse était le plus certaine. L'abbé d'Espagnac avait spéculé dans des proportions qui dépassaient de beaucoup ses moyens; il avait joué, en un mot, mais il avait joué *à la hausse* et favorisé ainsi, d'après les idées du temps, le crédit public. Il était juste dès lors de le rembourser de ses avances, et l'on motiva officiellement ce remboursement en déclarant que *dans les moments de crise, il faut favoriser la prépondérance des joueurs à la hausse.*

L'arrêt du 7 août 1785 contient deux dispositions spécialement hostiles à la spéculation : l'une, qui défend aux agents de change de coter d'autres effets que les effets royaux et les cours des changes (art. 4); l'autre (art. 7), qui prohibe absolument les marchés à découvert (1) :

« Déclare nuls (Sa Majesté) les marchés et com-
« promis d'effets royaux et autres quelconques qui
« se feraient à terme et sans livraisons des dits effets

_____

(1) Un spéculateur traite *à découvert* lorsqu'il vend sans avoir les titres en mains au moment du marché.

« ou sans le dépôt d'iceux, constaté par acte dûment
« contrôlé au moment même de la signature de
« l'engagement. »

Voici comment le préambule de l'arrêt justifiait ce dernier article :

« Le roi est informé que, depuis quelque temps,
« il s'est introduit dans la capitale un genre de
« marchés ou de compromis aussi dangereux pour
« les vendeurs que pour les acheteurs, par lesquels
« l'un s'engage à fournir à des termes éloignés des
« effets qu'il n'a pas, et l'autre se soumet à les payer
« sans en avoir les fonds, avec réserve de pouvoir
« exiger la livraison avant l'échéance moyennant
« l'escompte ; que ces engagements qui, dépourvus
« de cause et de réalité, n'ont, suivant la loi, aucune
« valeur et occasionnent une infinité de manœuvres
« insidieuses, tendent à dénaturer momentanément
« le cours des effets publics, à donner aux uns une
« valeur exagérée et à faire des autres un emploi
« capable de les décrier; qu'il en résulte un agio-
« tage désordonné... consistant en paris et com-
« promis clandestins sur les effets publics... »

Malgré la sévérité de ces paroles, l'arrêt de 1785 marquait un progrès évident sur l'arrêt de 1724. Il ne prohibe plus, comme celui-ci, tous les marchés à terme ; il exige seulement le dépôt préalable des titres.

Cette dernière condition établissait pourtant une

formalité inconciliable avec la nature des marchés à terme; elle anéantissait, en effet, ce qui est le ressort même de la spéculation, c'est-à-dire la possibilité d'acheter ou de vendre à terme des valeurs que l'on n'a pas en portefeuille, au moment même où l'on prévoit une hausse ou une baisse (1).

Il arriva donc que la spéculation utile que l'on voulait encourager fut, au contraire, atteinte par ces dispositions, et deux mois ne s'étaient pas écoulés que le gouvernement dut porter un nouveau décret (le 2 octobre) dans lequel il constata avec une certaine mélancolie les tristes effets de son arrêt du 7 août :

« Le roi a constaté qu'il s'est produit un moment

(1) Voici un exemple de ce genre d'opérations fort usitées à la bourse : Un spéculateur, obéissant aux mille considérations qui déterminent une appréciation en pareille circonstance, prévoit une baisse sur les titres de l'emprunt d'un pays étranger.

Ces titres sont cotés à 100 francs, je suppose. Le spéculateur estime, sur la foi de nouvelles alarmantes qu'il vient de recevoir ou pour tout autre motif, que ces titres vont *baisser*. Il se *met à la baisse*, c'est-à-dire qu'il vend ces valeurs livrables au 15 courant ou à la fin du mois (ce sont les deux dates ordinaires de la liquidation). Si, à l'époque de la livraison, ses prévisions se sont justifiées, si les titres ont baissé de 5 francs, par exemple, et ne valent par conséquent que 95 francs, que fera le spéculateur qui a vendu *à découvert*, c'est-à-dire sans avoir les titres en sa possession ?

Il rachètera ces titres au cours de 95 francs et, tout en réalisant sur la vente un bénéfice de 5 francs (puisqu'il les a vendus 100 francs), il se mettra en mesure de livrer la chose vendue, à moins, ce qui arrive souvent, qu'il n'ait profité de la baisse déjà survenue avant le moment de cette livraison pour *se racheter* avant cette échéance. Dans ce cas, il réalisera un bénéfice équivalent à la différence entre son prix d'achat et le prix stipulé pour la vente.

« de langueur dans la circulation, une sorte de sta-
« gnation sur la place et la dépression instantanée
« de quelques effets... »

On modifie en conséquence les formalités rigoureuses imposées par l'arrêt de 1785 et l'on déclare
(art. 6) « qu'il pourra être suppléé au dépôt des
« titres par ceux qui, étant constamment proprié-
« taires des effets qu'ils voudraient vendre, et ne
« les ayant pas entre leurs mains, déposeraient chez
« un notaire les pièces probantes de leur libre pro-
« priété ».

Mais ces légers adoucissements n'atténuaient que
bien peu la sévérité des lois existantes. De plus, les
ministres, comme s'ils voulaient racheter par un
redoublement de rigueur l'indulgence relative de
leur récent décret, montraient un soin jaloux à en
surveiller la stricte exécution (1).

C'est que la situation devenait de jour en jour
plus grave et que la détresse publique, avant-coureur
de la révolution, s'accentuait de plus en plus.

Le gouvernement ne s'apercevait pas que c'étaient
sa mauvaise administration et les prodigalités de ses
prédécesseurs qui avaient creusé le gouffre redou-
table dans lequel il allait disparaître. Pour lui la
seule coupable, c'était toujours cette spéculation
éhontée qui osait manipuler, négocier le papier de

______

(1) Voyez notamment l'arrêt des commissaires généraux du conseil
(29 novembre 1786).

l'État et, dédaigneuse de l'estampille officielle qu'il porte, l'acheter ou le vendre, non pas pour la valeur qu'il dit avoir, mais pour celle qu'il a réellement.

Les événements se précipitent, l'état des finances s'empire chaque jour et la cote des valeurs, révélateur impartial de la confiance publique, accuse une baisse de plus en plus profonde.

Le ministère aux abois multiplie alors ses décrets contre l'infâme spéculation.

Un troisième arrêt vint limiter l'exécution des marchés à un terme de deux mois dans le but « d'empêcher les manœuvres de ceux qui ont trouvé « moyen d'éluder le règlement qui interdit tout « marché d'effets royaux ou publics sans livraison « des effets vendus ».

Rien ne fait, et l'on se décide, en désespoir de cause, à augmenter, par un arrêt du 14 juillet 1787, les pénalités qui sanctionnent les décrets en vigueur.

C'est toujours sous le prétexte de moraliser la bourse que l'on prend ces nouvelles mesures : « Sa « Majesté, informée que l'agiotage qu'elle avait « voulu réprimer se perpétue et s'étend encore tous « les jours, a cru devoir changer quelques disposi- « tions des précédents arrêts et en ajouter d'autres « qui allassent autant que possible à la source du « mal et en prévinssent encore plus certainement « les suites... afin d'ôter aux spéculations toute fa- « culté et aliment... Sa Majesté ayant considéré que

« l'agiotage portait principalement sur les papiers
« et les effets des compagnies particulières, dont les
« profits incertains et calculés d'après la seule avi-
« dité donnent lieu à des spéculations hasardées,
« elle a jugé utile de restreindre dans de justes
« bornes la négociation de ces papiers. »

Suivent les nouvelles pénalités.

Ce n'est point par de pareilles rigueurs que le roi
pouvait ramener la confiance ni arrêter la panique
qui s'était emparée des capitalistes, devant l'immi-
nence de la banqueroute. Aucune hausse, même si
des décrets avaient pu la produire, ne pouvait plus
cacher la misère qui envahissait la France et qui
allait faire déborder par un dernier effort les colères
populaires amassées pendant des siècles.

Certes M. de Calonne ne se trompait pas lorsqu'il attribuait un rôle considérable à la finance dans
les affaires de l'État; mais son erreur était de croire
que l'on peut réussir à créer une cote factice des
valeurs et à cacher ainsi sous des dehors mensongers
la misère générale.

C'est par de bonnes mesures financières qu'il pouvait sinon arrêter, du moins entraver la marche
de la révolution; ce fut au contraire son inca-
pacité, dans ces matières, qui précipita la catastrophe (1).

(1) Dans une lettre de NECKER qui vient d'être publiée, l'homme
d'État écrivait ce qui suit, en novembre 1788 : « ... Ce qui est bien

§ 2.

Lois de la période révolutionnaire et de l'empire.

La révolution se fit, et pour la première fois l'on inscrivit dans les lois les principes de tolérance et de liberté que les hommes n'avaient osé porter jusque-là que dans leur conscience.

Il faut le dire, le nouveau législateur ne respecta pas ces principes dans ses lois financières.

« Le malheur des temps, la guerre, la famine, l'émission d'une masse énorme d'assignats dont la dépréciation augmentait à mesure que la valeur des monnaies d'or et d'argent montait davantage, l'instabilité du gouvernement et le peu de confiance qu'il inspirait mirent la Convention aux prises avec les mêmes difficultés contre lesquelles avait eu à lutter l'ancienne monarchie; elle chercha par les mêmes moyens à réagir contre les jeux de bourse et la baisse qui compromettaient l'avenir de son crédit (2). »

Une loi du 13 fructidor an III prononce des peines rigoureuses contre les spéculateurs convaincus d'avoir vendu des marchandises ou effets dont, au

« remarquable, c'est que cette nation soit la première dans laquelle les
« finances seront la cause des plus grands événements et qu'un seul
« homme (M. de Calonne) aura mis le roi plus dans la dépendance de
« la nation que toutes les guerres et les malheurs de Louis XIV ne
« l'avaient placé. »
(2) GUILLARD, *Des Opérations de bourse,* p. 126.

moment de la vente, ils ne seraient pas propriétaires.

« Tout contrevenant, dit l'article 3, sera condamné
« à deux années de détention, à l'exposition en pu-
« blic, avec écriteau sur la poitrine, portant ce
« mot : *Agioteur*, et tous ses biens seront, par le
« même jugement, confisqués au profit de la Répu-
« blique. »

Vient ensuite la loi du 28 vendémiaire an IV, qui
réédite, comme la loi précédente, les sévérités contenues dans les arrêts de la monarchie. Elle déclare,
dans son article 3, « que toute négociation à terme
« ou à prime de lettre de change sur l'étranger sera
« réputée agiotage, et défend (art. 15) de vendre ou
« d'acheter à terme ou à prime des matières ou
« espèces métalliques. Aucune vente de ces matières
« ne pourra avoir lieu qu'au comptant; de telle
« sorte que les objets vendus devront être livrés et
« payés dans les vingt-quatre heures qui suivront
« la vente... »

Le préambule de cette loi mérite d'être cité; il
nous révèle les vrais motifs qui inspiraient des dispositions aussi peu libérales.

« Considérant que celui-là est agioteur criminel
« qui, par choix, met son intérêt en compromis
« avec son devoir, en faisant des opérations d'une
« nature telle, qu'elles ne peuvent lui rapporter
« quelque bénéfice qu'au détriment de la chose pu-

« blique; que tel est le cas de celui qui *achète à*
« *terme des matières ou espèces métalliques,* dans
« la coupable espérance que le jour où le marché
« se réalisera, les espèces auront haussé de valeur
« et que la *monnaie nationale aura perdu la*
« *sienne;* que tel est encore le cas de celui qui, sans
« besoin de commerce, achète, accapare des lettres
« de change sur l'étranger, dans l'espoir de les re-
« vendre avec bénéfice, *lorsque l'assignat sera*
« *déprécié;* que celui qui *vend à terme, sans avoir*
« *des intentions aussi blâmables,* s'expose *par son*
« *imprudence* à produire les mêmes effets... »

On le voit, la colère du législateur, qui était
réservée pour les vendeurs sous la monarchie, se
tourne maintenant contre les acheteurs.

« Pour trouver le mobile d'une conduite si con-
tradictoire, il faut se reporter aux circonstances
dans lesquelles ces mesures ont été édictées. Sous
la monarchie, où il s'agissait de relever le crédit
public et le cours des effets royaux, le conseil du
roi attribuait une influence pernicieuse aux ventes
à terme et une action salutaire aux achats. Sous
la République, ce que redoutait le gouvernement,
c'était la hausse des espèces métalliques et la
baisse des assignats; aussi croyait-il ne pouvoir
assez sévir contre les accapareurs qui, par des
achats d'or et d'argent, en élevaient le prix au
détriment du papier national; il était, au con-

traire, disposé à l'indulgence envers les vendeurs à terme, qui semblaient déprécier les monnaies métalliques au profit des assignats et rétablir ainsi l'équilibre (1). »

Toutes ces dispositions, celles de la république comme celles de la monarchie, peuvent être qualifiées de même : ce sont des lois de circonstance faites par des gouvernements aux abois; ce sont des lois politiques, comme les appelait Berryer (2). Elles ne doivent pas prétendre à un rôle plus élevé; elles n'ont jamais eu pour but ni pour effet de protéger l'ordre public et la morale.

C'est encore une préoccupation égoïste qui conduisit le législateur de 1810 à insérer dans son code pénal les articles 421 et 422.

Edictés sous l'empire d'une idée juste, « que la bourse est le thermomètre du crédit » et d'une idée fausse « qu'un gouvernement à son gré empêche la baisse de se produire et qu'il peut protéger son crédit par des mesures artificielles », ces articles font consister le délit dans la *vente* à découvert (c'est-à-dire sans possession réelle) des effets publics (3).

Les ministres de Napoléon s'effrayaient de la

---

(1) GUILLARD, p. 128.

(2) Discours du 27 février 1826. — Voy., sur le caractère de cette ancienne législation, un arrêt fort intéressant de la cour de Bruxelles du 13 août 1839 (PASIC., p. 191).

(3) Le vendeur seul est puni par ces articles, dit TROPLONG (no 123), l'acheteur n'est pas atteint.

baisse persistante que subissait le papier de l'État et qui révélait à tous la gêne et les embarras du trésor.

La cause immédiate de cette baisse, c'étaient, sans aucun doute, les ventes que faisaient des capitalistes peu soucieux de garder les effets publics d'un pays mal administré et ruiné par des guerres continuelles.

Le gouvernement ne pouvait suivre qu'une seule voie pour ramener la hausse : il devait réorganiser les finances et l'administration, réduire certains traitements trop considérables et surtout conclure une paix qui permît au commerce de reprendre son essor; il devait, en un mot, mettre un terme aux dépenses exagérées et remplacer la prodigalité par l'ordre et l'économie. Certes, la confiance serait revenue et elle aurait déterminé une hausse que les moyens de coercition ne peuvent jamais produire.

On jugea plus simple de proscrire les marchés à terme et spécialement ceux qui consistaient dans la vente de titres *que le vendeur ne prouvait pas avoir existé à sa disposition au temps de la convention ou avoir dû s'y trouver au temps de la livraison* (art. 421).

La mesure portait en elle un certain caractère de naïveté, car il va sans dire que la vente ne se conçoit pas sans un achat qui en forme la contre-partie, et il est certain que le vendeur ne pourrait pas commettre le délit prévu par l'article 421 s'il ne trouvait pas un complice dans l'acheteur à terme.

Mais il importe de remarquer avec Guillard que ces articles du code de 1810 ont introduit une modification profonde dans la législation de la bourse.

Circonscrits dans les limites étroites que leur caractère pénal défend d'étendre, ils punissent seulement l'engagement que prend un spéculateur de vendre des effets publics avec la conscience qu'il ne pourra pas en faire la livraison.

Mais ils n'imposent plus, comme les arrêts de l'ancienne monarchie, que le vendeur ait la propriété des effets au moment même de l'engagement ; ils se contentent qu'il en ait la libre disposition au terme.

Les marchés à terme, à l'exception de ceux qui sont considérés comme nuisibles au crédit du gouvernement, sont donc autorisés.

Les motifs de ce revirement nous sont donnés dans un ouvrage précieux à consulter par tous ceux qui veulent suivre le progrès des idées économiques : dans les Mémoires du comte Mollien, ministre du trésor public.

En 1804, le législateur ne méconnaissait plus l'importance et l'utilité de la spéculation.

Il avait vu cette spéculation briser les barrières surannées que des décrets impuissants avaient voulu lui opposer et se répandre partout, apportant avec elle ses passions et ses excès, mais aussi ses bienfaits, encourageant des entreprises commerciales et industrielles, donnant à l'activité humaine les ressources sans lesquelles rien au monde ne pourrait se produire.

Les abus que la spéculation traînait à sa suite lui paraissaient infimes à côté de ses avantages.

Et, d'ailleurs, certains hommes d'État considéraient, à cette époque, que le meilleur moyen de remédier à ces abus, c'était de lever toutes les proscriptions dont la bourse avait été frappée et de la ramener au régime du droit commun.

« Pour condamner la vente et l'achat à terme des effets publics, disait Mollien, il faut oublier que les plus importantes, les plus nécessaires transactions sociales s'opèrent sous cette forme. Si des abus se sont introduits dans les transactions de bourse, qui reposent sur des marchés à terme, on doit surtout en accuser la jurisprudence qui les place hors du domaine de la loi... *Quand un homme libre a pris des engagements téméraires, c'est dans leur exécution qu'il doit trouver la peine de son imprudence ou de sa mauvaise foi.*

« Je ne prétends pas conclure de ce que les marchés à terme ne peuvent pas être interdits qu'ils soient exempts d'abus; c'est pour qu'ils soient réprimés dans leurs abus que je demande que les contractants soient jugés selon la loi commune des contrats (1). »

(1) *Mémoires*, t. 1ᵉʳ, p. 253.

Frappés de ces considérations, les auteurs du code de 1810 n'ont qualifié délits que certaines opérations de bourse; ils ont déclaré formellement que toutes celles qui ne rentraient pas dans les termes de l'article 421 étaient permises, parce que « le crédit public exigeait que, même d'une façon indirecte, la spéculation ne fût pas entravée (1) ».

* * *

II

LÉGISLATION ET JURISPRUDENCE BELGES.

§ 1er.

Décisions rendues sous l'empire du code pénal
de 1810.

Nous venons de voir que le législateur français de 1810 s'est occupé de définir et de réprimer, dans les articles 419, 421 et 422 de son code pénal, les opérations de bourse qu'il jugeait dangereuses au point de vue des intérêts de l'État.

Ces dispositions furent maintenues en Belgique jusqu'en 1867, époque de la promulgation du nouveau code pénal. Quant aux arrêts du conseil, rendus

(1) Exposé des motifs des articles 421 et 422, dans FAUSTIN-HÉLIE, édit. belge, t. VIII, n° 3692.

sous l'ancienne monarchie, leur validité, qui a fait l'objet de nombreuses discussions en France, ne fut jamais reconnue dans notre pays où ils n'avaient point reçu, en effet, la publication officielle qui pouvait, seule, leur donner force de loi (1).

Mais en dehors des trois articles du code pénal, aucune règle nouvelle, aucun principe de droit civil ne fut formulé pour remplacer l'ancienne législation et pour créer enfin un code qui fût spécial aux transactions financières.

L'article 90 du code de commerce avait bien dit « qu'il serait pourvu par des règlements d'adminis- « tration publique à tout ce qui est relatif à la négo « ciation et transmission de propriété des effets « publics »; mais cette promesse du législateur français ne fut pas tenue par le gouvernement belge. Ni l'arrêté royal du 22 avril 1836, ni les différents arrêtés qui organisèrent, de 1839 à 1841, les bourses de commerce dans plusieurs villes du royaume ne s'occupèrent de la négociation des titres au porteur.

Ils furent destinés à régler l'administration et la police des bourses, le nombre et le mode de nomination des agents de change et courtiers, l'admission des effets publics à la cote officielle, le tarif des

(1) Ainsi jugé par deux arrêts de la cour suprême de Bruxelles, rendus tous deux le 30 mars 1826 (*Jurisp. du* XIXᵉ *siècle*, 1827, p. 3 à 5) et par un arrêt de la cour d'appel de Bruxelles du 13 août 1839 (Pasic., 1839, II, 191).

courtages et enfin le recrutement des chambres syn dicales.

Ils ne disaient rien des opérations qui seraient licites et de celles qui devraient être prohibées, et nos tribunaux restèrent en présence des trois articles du code pénal que nous venons de citer, et des règles générales du code civil. C'était peu pour statuer sur des opérations dont l'importance était encore minime au commencement de ce siècle (1), mais qui se répandaient avec une rapidité étonnante et qui allaient bientôt, compagnes inséparables et auxiliaires de l'industrie, transformer, par celle-ci, le monde économique.

Lorsque l'on parcourt les décisions rendues par nos tribunaux, on est heureux de reconnaître qu'elles ne reflètent pas les nombreuses hésitations de la jurisprudence française, hésitations qui ont été telles qu'un auteur, M. Badon-Pascal, a pu diviser cette jurisprudence en cinq phases reproduisant les sentiments et les idées juridiques les plus contraires ; on s'applaudit surtout de ne pas trouver dans notre pays des revirements complets pareils à ceux que nous offre le fameux arrêt de la cour de cassation de France (affaire Forbin-Janson), qui vint ressusciter, en 1825, les anciens arrêts du conseil et qui rétablit la nullité des marchés à terme non pré-

---

(1) Au moment où l'on discutait le code civil, les marchés à terme ne se traitaient qu'à Paris.

cédés du dépôt des titres, après que l'on eut admis, pendant dix-huit ans, la thèse opposée.

Sans doute l'on remarque également dans les décisions belges des divergences en ce qui concerne notamment l'interprétation des articles du code pénal qui servirent trop souvent de base au juge civil pour l'appréciation des contrats; mais l'on y reconnaît aussi sans difficulté une tendance constante à mettre la jurisprudence d'accord avec les mœurs de la bourse et à valider, comme celle-ci, les marchés à terme.

Les contradictions que l'on peut noter s'expliquent facilement lorsqu'on songe que nos juges n'avaient point de règles fixes à invoquer, point de loi spéciale à appliquer et qu'ils se trouvaient en présence de transactions qui avaient toujours été, pour les anciens jurisconsultes, un objet de crainte et de répulsion.

Les premiers arrêts qui furent rendus après la promulgation des codes s'attachent à déterminer avec soin le caractère des opérations illicites. C'est dans les articles 421 et 422 du code pénal (1) que le magistrat va chercher la définition de ces opérations

(1) Art. 421. « Les paris qui auront été faits sur la hausse ou la « baisse des effets publics seront punis... »

Art. 422. « Sera réputée pari de ce genre toute convention de vendre « ou de livrer des effets publics qui ne seront pas prouvés par le ven- « deur avoir existé à sa disposition au temps de la convention, ou avoir « dû s'y trouver au temps de la livraison. »

et il ne recueille cette définition qu'avec une réserve
bien naturelle. S'autorisant du caractère pénal de
ces articles, il ne consent à annuler les marchés
qu'on lui soumet que s'il lui est démontré que ces
marchés rentrent exactement dans les termes de
l'incrimination légale. Non seulement le juge refuse
d'appliquer aux *marchandises* un texte qui ne s'occupe que des *effets publics*, mais l'arrêt le plus
ancien que nous rencontrons déclare même que ces
deux derniers mots doivent être pris dans leur sens
le plus restreint et ne peuvent s'entendre que des
effets publics *nationaux* (1).

Cette application de deux articles du code pénal
aux affaires du commerce n'était pas sans offrir certains inconvénients, et la cour de Bruxelles fit valoir
d'une façon spirituelle, dans une espèce que nous
allons rapporter, les singulières conséquences qu'elle
pouvait amener pour ceux mêmes qui invoquaient
ces dispositions.

L'arrêt est intéressant à noter parce qu'il fait en-
trevoir, à propos des marchés sur marchandises, les
principes que nous verrons formuler beaucoup plus
tard par la jurisprudence en ce qui concerne les

(1) Arrêt du 16 avril 1816 (Pasic., 1816, p. 102) Le contraire a été
décidé pourtant depuis. Arrêt du 30 mars 1826 (Pasic., 1826, p. 107).
Quant aux opérations de hausse ou de baisse ayant pour objet des
titres émis par des compagnies particulières, il a toujours été jugé et
tout récemment encore (à propos de l'affaire Langrand) que les
articles 421 et 422 ne leur étaient pas applicables. — Voy. Cass.,
24 juin 1878. — *Belg. Jud.*, 1878, p. 1409.

opérations de bourse, principes qui peuvent se résumer comme suit : « Pour réussir dans l'exception
« de jeu, le défendeur doit prouver que, dès l'ori-
« gine, l'intention commune des parties a été de
« faire une spéculation sur la différence des cours. »

Voici les faits : Un sieur T... avait vendu au
sieur M... des huiles livrables à des époques déterminées.

Le terme auquel ces livraisons devaient être faites
fut ensuite prorogé et, après l'expiration de ce nouveau terme, le sieur T... fut mis en demeure et
ensuite assigné pour s'entendre condamner à livrer
les huiles vendues et, à défaut de ce faire, à payer
au sieur M..., à titre de dommages-intérêts, une
somme égale à la différence du prix stipulé dans
l'acte de vente et de celui établi par les mercuriales
du temps où la livraison aurait dû s'effectuer. Le
sieur T... prétendit que les opérations n'avaient pas
été sérieuses, qu'elles cachaient un jeu.

La cour déclare que rien, dans le procès, ne fait
présumer que les contrats d'achat et de vente ont
eu pour but, de la part de l'intimé, non la livraison
réelle de l'huile par lui achetée, mais bien une opération de jeu ou de hasard, basée sur la différence
éventuelle qui pourrait exister entre les prix stipulés
par les parties et ceux qu'établiraient les mercuriales
à l'époque où les livraisons devraient se faire.

Quant aux articles 421 et 422, ils ne peuvent être

pris en considération, parce qu'il s'y agit exclusivement de paris sur les fonds publics et ensuite parce qu'il résulterait du système d'application de ces articles cette absurdité que, dans une affaire purement commerciale, *les deux parties devraient être condamnées à une peine d'emprisonnement,* ce qui, ajoute finement la cour, n'a pu être dans l'intention du sieur T... ni dans la volonté du législateur (1).

En 1839, alors que la cour d'appel de Paris frappait encore de nullité les ventes à terme qui n'étaient pas précédées du dépôt des titres, la cour de Bruxelles déclarait que « les marchés à terme de « fonds publics contractés sérieusement sont licites, « et que, pour être valables, ils ne sont assujettis à « aucun dépôt préalable soit à la convention, soit « à l'exécution (2) ».

La cour brisait ainsi avec le système qu'avaient édifié les anciens arrêts du conseil et qui faisait du dépôt préalable chez un notaire la condition essentielle de ces marchés. Cet arrêt, par la valeur de ses considérants, par l'importance des principes qu'il consacre et qui sont précieux à consulter, même au point de vue de la situation actuelle, mérite de fixer notre attention. Voici l'espèce sur laquelle il eut à statuer :

Un sieur Delavilleroux, agent de change à Paris,

_____

(1) Arrêt du 7 avril 1827 (Pasic., 1827, p. 126).
(2) Arrêt du 13 août 1839 (Pasic., 1839, p. 191).

avait fait assigner le sieur Govaerts, agent de change à Anvers, en payement : 1° d'une somme de 77,175 fr., représentant le solde des opérations en fonds publics énoncées dans un compte de liquidation du mois d'août 1830 ; 2° de la somme de 137,182 fr., pour solde des opérations énoncées dans un compte de liquidation de septembre 1830.

Le tribunal d'Anvers, tout en reconnaissant la réalité des opérations effectuées, repoussa cette demande, en déclarant que ces opérations n'ayant pas été précédées du dépôt des valeurs ordonné par les arrêts du conseil de 1785, 1786 et 1787, devaient être considérées comme des marchés à terme illicites (1).

La cour commence par établir les principes suivants :

« Selon le droit actuellement en vigueur, les « contrats peuvent avoir pour objet une chose qui « n'est pas en la possession des contractants ; ce « principe général résulte clairement de la combi- « naison des diverses dispositions du code civil ; de « là il suit que les marchés à terme sont licites, et « que, pour être valables, ils ne sont assujettis à « aucun dépôt préalable soit à la convention, soit à « l'exécution. »

(1) M. LAURENT, qui analyse l'arrêt, commet une légère erreur en disant que le premier juge avait considéré les opérations comme fictives (t. XXVII, p. 266).

La cour démontre ensuite, dans des considérants que nous regrettons de ne pas pouvoir citer en entier, « qu'il n'est pas possible de faire exception à « la règle générale en ce qui concerne les fonds « publics et que ceux-ci, comme toutes autres cho- « ses, peuvent être vendus bien que le vendeur ne « les ait pas encore en sa possession ».

Ce sont ces principes que le syndic des agents de change de Paris, se plaçant à un autre point de vue, avait justifiés de cette façon originale quelques années auparavant :

« Lorsque, disait-il, mon porteur d'eau est à ma « porte avec un tonneau, commettrait-il un stellionat « en en vendant deux tonneaux au lieu d'un qu'il a? « Certainement non. Pourquoi? Parce qu'il est tou- « jours sûr de trouver à la rivière celui qui manque. « C'est la même chose pour les effets publics. La « bourse est une rivière de rentes, d'actions et d'obli- « gations. Celui qui en vend plus qu'il n'en a est « toujours sûr d'en trouver sur le marché. »

Je reviens à l'arrêt.

La cour établit, par une suite de considérations tirées de l'ordre le plus élevé, que les arrêts du conseil sont abrogés. Elle constate en fait que les marchés à terme se concluent à Paris ainsi qu'en Belgique sans dépôt préalable et cela au su et au vu de tous :

« Cette circonstance, dit-elle, prouve que, dans

« la pensée des agents de change, du commerce et
« des autorités chargées de surveiller les opérations
« de bourse, le cercle étroit tracé soit par les arrêts
« du conseil, soit par les lois transitoires de la répu-
« blique, pour des motifs portant l'empreinte poli-
« tique du moment, a été élargi par la législation
« nouvelle qui a surgi à une époque où la puissance
« de l'État donnait une vaste base à la fortune pu-
« blique et permettait d'affranchir les opérations de
« bourse des entraves dont elles avaient été jusque-
« là vinculées... »

Puis, appréciant les faits qui lui sont soumis, la
cour trouve dans ces faits mêmes la preuve de la
réalité des opérations : « Celles-ci ont toujours été
« ordonnées par l'intimé ; l'appelant lui en a toujours
« aussi annoncé la réalisation ; cette réalisation est
« confirmée par toute la comptabilité de l'appelant :
« soit par ses feuilles de liquidation de la chambre
« syndicale, soit par ses carnets, soit par son livre
« timbré ; cette réalisation est encore attestée par
« les différents reports exécutés par l'ordre de l'in-
« timé ; ces reports supposent, en effet, que les opé-
« rations étaient sérieuses, sincères, puisque le
« report nécessite un nantissement de valeurs com-
« merçables à la bourse. »

« Attendu, ajoute l'arrêt, que s'il est vrai que
« dans les comptes et liquidations il y ait par-ci
« par-là des articles provenant de différences, il ne

« résulte de ces mentions rien de contraire à la sin-
« cérité des opérations; qu'en effet *les opérations
sincères n'excluent pas la compensation et que
celle ci, lorsqu'elle s'effectue sur des valeurs inégales, entraîne nécessairement des différences...* »

Les magistrats de la cour d'appel semblent avoir entrevu, dans ce dernier considérant, l'argument décisif que l'on invoquera plus tard contre ceux qui voient dans le payement de *différences* le signe caractéristique du jeu.

On le sait, tous les marchés à terme se *liquident* à jour fixe à la bourse, c'est-à-dire que ces marchés se réalisent, à une même date, soit par la livraison de la chose vendue, soit par le payement du prix d'achat.

(A Paris, et à l'époque où se place l'arrêt, cette date était la fin du mois.)

Dans le but d'éviter les nombreux déplacements de titres et d'espèces que nécessiterait une stricte exécution de tous les marchés, un comité délégué par la chambre syndicale des agents de change procède à une liquidation centrale, c'est-à-dire qu'entre le 1ᵉʳ et le 5 de chaque mois, ce comité se fait donner par chaque agent de change la liste détaillée des titres et des espèces qu'il a eu à remettre ou à recevoir à la fin du mois précédent.

On fait une masse de toutes ces opérations, qui se compensent en grande partie par suite d'achats et de ventes opérés sur les mêmes valeurs, et c'est la *différence* en titres ou en argent que chaque agent de change doit verser ou recevoir à la caisse du comité de liquidation (1).

Des opérations très sérieuses, portant réellement sur des titres, aboutissent ainsi, comme le remarque justement l'arrêt, à un payement de différences.

Un pourvoi fut dirigé contre cet arrêt, et lorsque la cour de cassation fut saisie de la question, celle-ci fut présentée sous toutes ses faces dans un remarquable réquisitoire.

L'auteur de ce travail, M. Leclercq, après avoir écarté du débat toutes les dispositions antérieures au code civil, se demanda si les marchés à terme d'effets publics sont réglés par nos codes : « Oui, dit-il, ces marchés y sont traités, parce que le législateur s'y est occupé expressément et dans tous leurs détails des contrats qui ont pour objet l'achat et la vente des choses futures. Les articles 1578 et suivants du code civil lèvent tout doute à cet égard. — Relativement à ces choses comme pour toutes autres, il exige seulement qu'elles soient dans le commerce, et les effets publics à terme sont dans le commerce. — Si le consentement des parties a été libre, si l'objet de la conven-

____

(1) Les fonctions du comité de liquidation de Bruxelles sont détaillées dans un nouveau règlement du 2 août 1832, dont nous aurons à nous occuper.

tion ne repose pas sur *une simple éventualité ayant pour principe une cause réprouvée par la loi*, le contrat aujourd'hui est valable et le devoir du juge est de le respecter (1). »

Après avoir proclamé la légalité des marchés à terme, M. Leclercq fait donc ses réserves en ce qui concerne ceux qui n'auraient pour objet qu'une éventualité réprouvée par la loi.

Cette restriction ne doit pas nous inquiéter. Ce que nous voulons retenir des paroles que nous venons de citer, c'est qu'un progrès considérable s'était opéré en 1840 dans les esprits.

Un des jurisconsultes les plus éminents de notre pays, un homme qui occupait les fonctions de ministre de la justice au moment où ce réquisitoire était lu, se prononçait, le code en main, pour la légalité des opérations de bourse, même non précédées du dépôt.

Les marchés *à terme* étaient autorisés, ces marchés auxquels tous les décrets de la monarchie et de la révolution avaient attaché l'épithète infamante *d'agiotage*. Quant à la réserve qui se trouve signalée plus haut et qui était toute justifiée à cette époque où le code de 1810 était encore en vigueur, elle fut formulée dans la suite par de nombreuses décisions qui déclarèrent que l'on ne pouvait pas considérer

---

(1) Pasic.. 1841, p. 247. — L'arrêt fut rendu conformément aux conclusions du ministère public.

comme sérieux les marchés qui n'ont pour objet *qu'une différence de cours.*

Mais nous verrons qu'ici également le progrès accomplit son œuvre lente mais continue ; nous verrons que lorsqu'on proposa au législateur d'inscrire cette formule dans ses lois, il refusa de le faire et qu'il démontra lui-même, éclairé qu'il était par les leçons de l'expérience, l'impossibilité de proscrire, même dans des termes aussi restreints, les opérations de bourse.

A dater de cet arrêt, la jurisprudence écarte définitivement la nécessité du dépôt préalable.

Mais elle exige pourtant que les marchés sur fonds publics n'aient pas l'apparence de paris réprouvés par le code pénal ; le vendeur doit prouver que les titres « ont existé à sa disposition au temps « de la convention, ou qu'ils ont dû s'y trouver au « temps de la livraison ».

A l'égard de cette preuve, les arrêts se montrent éclectiques.

Tandis que les uns annulent le marché s'il n'y a pas eu « un arrêté de vente justifiant du nombre et « des pièces vendues (1) », d'autres se contentent de la preuve « que, le jour même de la vente, il exis- « tait déjà quelque chose par suite de quoi le ven- « deur devait, pour le jour de la livraison, devenir

____

(1) Bruxelles, 25 février 1841 (Pasic., 1842, II, 238).

« possesseur des effets qu'il n'avait point encore (1). »

Quant aux marchandises, nous avons vu que le texte des articles 421 et 422 ne leur est pas applicable. Elles sont pourtant l'objet d'une infinité d'opérations aléatoires et la question de jeu s'est posée, pour elles également, à maintes reprises.

Le juge n'étant pas lié, en ce qui les concerne, par un texte restrictif, ayant au contraire devant lui un vaste champ d'appréciation, réunit différents éléments pour en faire sortir la preuve du jeu : c'est d'abord le fait que les opérations sont en disproportion avec la fortune des parties, c'est surtout la preuve que celles-ci ont eu l'intention de spéculer sur une différence de cours et non d'opérer la livraison de la chose vendue et le payement du prix.

Voici deux arrêts qui formulent ces différentes conditions et qu'il est utile de citer, parce que nous verrons, après l'abrogation du code pénal, le législateur essayer de reproduire dans sa loi commerciale les définitions données par la jurisprudence.

Le premier eut à statuer sur l'espèce suivante :

Les frères Siegerist étaient les commissionnaires de B... pour des opérations d'achat et de ventes de graines et de céréales du Nord.

B... ayant été déclaré en état de faillite, les frères

______

(1) Bruxelles, 30 mars 1826 (Pasic,. 1826, p. 108).

Siegerist assignèrent le curateur pour se faire admettre au passif de la faillite à concurrence de 122,122 francs, montant d'un compte qu'ils avaient notifié.

Le tribunal de Charleroi écarta cette demande par le motif que les comptes présentés n'avaient trait qu'à des jeux de bourse.

La cour réforma ce jugement :

« Attendu, en ce qui touche les ventes à terme,
« que les opérations de l'espèce n'ont rien d'illicite
« par elles-mêmes; que le législateur n'en répudie
« les effets comme l'exécution qu'autant qu'elles
« portent, non sur des marchandises à livrer, *mais*
« *sur la différence des cours à payer à l'échéance*
« *du terme;* qu'alors les opérations ne sont pas sé-
« rieuses; qu'alors elles revêtent en réalité le carac-
« tère de jeux de bourse ou paris, pour lesquels
« aucune action n'est admise en justice; que les cir-
« constances constantes au procès représentent B...
« comme s'occupant habituellement des marchan-
« dises faisant l'objet des ventes à terme litigieuses;
« *que celles-ci ne paraissent aucunement hors de*
« *proportion avec l'importance des affaires de B...;*
« qu'indépendamment de ces faits qui tous tendent
« à attester la sincérité des opérations attaquées, il
« est encore avéré au procès que les dites opérations
« ont été conclues à la bourse d'Amsterdam, *selon*
« *les formes et d'après les règles adoptées dans ce*

« *lieu pour assurer l'efficacité de pareilles conven-*
« *tions...* (1). »

Dans une seconde affaire, la cour de Bruxelles adopta les motifs du premier juge, qui avait formulé les principes suivants :

« Si les marchés à terme pour marchandises ne
« sont pas défendus, c'est sous la condition qu'ils
« soient réels et sérieux, en ce sens que les parties
« ont traité *avec l'intention bien formelle, le ven-*
« *deur de livrer et l'acheteur de prendre livraison*
« *de la marchandise au terme convenu ;* les marchés
« à terme n'ont point ce caractère lorsqu'il est
« prouvé qu'ils doivent se résoudre en simples diffé-
« rences; considérés sous ce rapport, ils ne sont en
« réalité qu'un jeu sur la hausse et la baisse. »

Dans l'espèce, ajoute le tribunal, il est prouvé par la correspondance et par les livres du demandeur que les diverses opérations entre parties n'ont été que des ventes fictives et *n'ont eu, en définitive, pour résultat que le payement de différences* (2).

Enfin, l'annotateur d'un troisième arrêt, rendu également dans une affaire de denrées vendues à terme, citait en 1854 les différents auteurs et les décisions judiciaires qui avaient traité la question qui nous occupe et résumait ensuite l'opinion qui prévalait à cette époque :

<hr>

(1) Bruxelles, 12 mai 1849 (*Belg. jud.*, 1849. p. 689).
(2) Bruxelles, 24 juillet 1847 (*Belg. jud.*, 1847, p. 1193).

« Il résulte, dit-il, de cette doctrine et de cette jurisprudence que ce n'est pas, à proprement parler, la *spéculation* sur la hausse et sur la baisse des marchandises que la loi répudie, car le commerçant spécule toujours ; c'est le jeu, c'est le pari, la gageure sur la hausse ou sur la baisse. Il ne suffirait pas même, pour annuler le contrat, que l'acheteur n'eût eu en vue que le gain d'une différence de prix par la revente qu'en cas de hausse il se proposait de faire ; il faut que cette intention de réduire le contrat en différences à payer pour le terme stipulé pour la livraison existe de part et d'autre (1). »

Nous aurons à discuter plus tard le point de savoir si l'on peut admettre le jeu d'après les éléments qu'indique l'auteur de cette citation, mais nous ne pouvons nous empêcher de faire remarquer dès à présent combien notre tâche se trouve facilitée par le rapide aperçu que nous donnons de la marche de la jurisprudence.

C'est la suppression de l'exception de jeu que nous demandons, c'est pour le maintien des contrats que nous plaidons : or, chaque arrêt que nous citons semble marquer un pas nouveau vers ce but.

En ce qui touche les fonds publics, les juges n'ont pas, il est vrai, la faculté de faire prévaloir au

(1) Note sous l'arrêt de Gand, du 17 novembre 1854 (*Belg. jud.*, 1855, p. 326).

même degré les principes progressifs qu'ils énoncent dans les autres affaires, mais nous les verrons, dès que le courant des idées aura obligé le législateur de supprimer les articles 421 et 422, nous les verrons resserrer de plus en plus le cercle étroit dans lequel ils enferment le spéculateur malhonnête qui oppose l'exception de jeu ; nous les verrons, suivant la même voie que pour les marchandises, exiger d'abord la preuve que l'on a voulu spéculer sur des différences et imposer enfin cette démonstration, presque impossible à fournir, « que l'intention de « spéculer sur les différences a existé chez les deux « parties dès l'origine. »

Dans deux arrêts qui furent rendus à de courts intervalles et à l'époque où l'on discutait déjà la revision du code pénal et l'abrogation des articles 421 et 422, l'on voit déjà poindre cette intention du juge d'abandonner pour les fonds publics les anciens éléments d'appréciation et de se décider d'après les circonstances que nous venons d'énumérer. Aucun des deux ne fait plus mention de la législation pénale.

Ces arrêts déclarent que l'on doit assimiler à une marchandise les effets publics que le spéculateur achète et revend dans l'intention d'en retirer un bénéfice. « Cette opération est licite en soi, mais « elle doit être annulée lorsqu'il est constaté que « les parties n'ont jamais pris livraison des titres

« achetés ou vendus et n'ont eu en vue que de se
« livrer à des paris sur la hausse et la baisse (1). »

§ 2.

Projets de loi formulés par le gouvernement belge.

Lorsque le législateur songea à modifier le code
de 1810 et à formuler de nouvelles règles de droit
pénal, il se trouva donc en face d'une jurisprudence
qui inclinait de plus en plus à s'écarter des articles
421 et 422, et à accorder aux transactions commerciales et financières un régime de protection relative. Obéissant à des sentiments de réaction que
l'on ne peut s'expliquer, le gouvernement voulut
combattre ces tendances et formula un projet qui
effaçait, en quelques lignes, tous les progrès accom-
plis et qui avait pour but de supprimer à jamais les
opérations de bourse. Comme on va le voir, ce projet
dépassait en rigueur le code pénal de 1810 et les
plus mauvais arrêts du conseil; il ressuscitait le
malheureux édit de 1724 rendu après la chute de
Law et se montrait aussi impitoyable pour la spéculation, sans avoir, comme cet édit, l'excuse des
circonstances qui le firent porter.

Les marchés à terme d'effets publics, qu'ils fus-

---

(1) Bruxelles, 8 août 1860 (Pasic., 1860, II, 297), et Bruxelles, 23 novembre 1861 (Pasic., 1862, II, 90).

sent ou non précédés du dépôt des titres, qu'ils eussent pour objet ou non une livraison réelle de valeurs, étaient tous proscrits. Quant aux marchés à terme de denrées, on consentait à les *présumer seulement* illicites, sauf pour le vendeur à faire la preuve de sa bonne foi d'après les règles tracées par le code de 1810.

Voici, d'ailleurs, les articles proposés qui formaient une section à part, intitulée « Des paris sur la hausse « et la baisse des effets publics et des denrées » :

ART. 364. — Les paris qui ont été faits sur la hausse ou la baisse des effets publics, des huiles, des grains et autres denrées seront punis d'une amende de 500 francs à 10,000 francs.

ART. 365. — Sera réputé pari de ce genre *tout marché à terme d'effets publics* et le marché à terme de denrées qui ne seront pas prouvées par le vendeur avoir dû se trouver à sa disposition au temps de la livraison.

ART. 366. — Lorsque le pari a eu pour objet des denrées, l'amende portée par l'article 364 sera prononcée par le tribunal saisi de la contestation à laquelle le pari pourra donner lieu (1).

En lisant ces articles, on est non seulement stupéfait de voir avec quelle témérité ils ruinaient une situation gagnée pied à pied par un nombre impo-

---

(1) NYPELS, *Commentaire législatif du code pénal*, t. II, p. 514, et *Annales parlementaires*, 1857-1858, p. 672.

sant d'arrêts basés tous sur l'expérience, mais on est aussi étonné de constater, à un autre point de vue, qu'ils donnaient aux tribunaux consulaires une juridiction répressive que jamais la Constitution n'a entendu leur réserver.

L'exposé des motifs n'est pas fait pour diminuer ce sentiment de pénible surprise.

L'on y voit que « tous les marchés à terme d'effets « publics sont nuisibles aux intérêts du commerce; « que ce sont tous des jeux de bourse qui tendent à « dénaturer momentanément les cours, qui com- « promettent la fortune de ceux qui ont l'impru- « dence de s'y livrer et qui excitent la cupidité à « poursuivre des gains immodérés et suspects ». Il y est dit également que « la loi ne doit pas permettre « que la bourse soit transformée en une maison de « jeux de hasard, ni transiger avec un abus qui, « bien qu'il soit en quelque sorte consacré par un « long usage, n'en est pas moins préjudiciable à « l'intérêt public (1) ».

Les ministres du régent et plus tard ceux de Louis XVI ne justifiaient pas autrement les décrets sous lesquels ils espéraient étouffer les révélations que faisait la bourse sur les embarras et les désordres de leur administration.

Adopter les articles proposés, c'eût été faire un

____

(1) NYPELS, p. 515, n° 52.

pas immense en arrière; c'eût été, à une époque où le crédit devenait de plus en plus puissant et où tous les économistes, les jurisconsultes mêmes proclamaient l'utilité des marchés à terme, c'eût été rétablir un régime vieilli et suranné.

Heureusement, les dispositions prohibitives contenues dans les articles 421 et 422 avaient subi l'épreuve du temps, et le temps les avait condamnées...

Elles étaient depuis longtemps considérées comme une *arme rouillée et inoffensive* dont aucun membre du ministère public n'avait essayé de se servir, du moins en Belgique.

En France même, la cour de cassation constatait en 1860 que le *fait était plus fort que la loi* et l'on pouvait écrire, l'année suivante, que les paris sur la hausse et la baisse des effets publics se pratiquaient au grand jour avec la tolérance, sinon l'autorisation de ceux à qui la loi donnait mission de la réprimer. C'est à peine si de temps en temps une condamnation intervenait dans des cas exceptionnels, comme pour donner un certificat d'existence à une législation qui agonisait (1).

Au sein de la commission de la Chambre, le rapporteur, M. Pirmez, défendit avec énergie le prin-

---

(1) CHAVET, *Des Contrats aléatoires*. Paris, 1861. « Si les articles 421 « et 422 s'exécutaient, disait LEGRAVEREND (t. III, p. 360), la bourse « de Paris offrirait chaque jour des milliers de délits à poursuivre. »

cipe de la liberté absolue des conventions. Il démontra, en termes éloquents, l'utilité, la nécessité même des marchés à terme, et rarement la cause de la liberté commerciale trouva un interprète plus puissant et plus convaincu (1). On en jugera par les passages que nous reproduisons.

M. Pirmez s'attaqua d'abord à la disposition qui étend les défenses légales aux marchés à terme sur les denrées. Il montra combien cette disposition était contraire aux principes économiques et aussi combien elle était illogique en frappant le *vendeur* à terme.

« Veut-on, dit-il, sévir contre tous ceux qui s'engagent à fournir sans avoir encore ou les denrées ou un titre qui les mettent dès le contrat à même de satisfaire à leurs engagements? Mais quelle funeste entrave aux conventions les plus nécessaires et les plus légitimes! Un négociant ne pourra plus faire l'entreprise d'une fourniture d'armée sans avoir, dès le moment où il contracte, tous les grains, tous les fourrages qu'il doit livrer. Ceux-là seuls qui auront par devers eux des quantités énormes d'huile pourront participer à l'adjudication de ce qu'en réclame l'administration des chemins de fer. Quelle lourde charge ce serait imposer à l'État, car quelle hausse dans le prix produirait un pareil système!

---

(1) *Annales parlementaires*, 1859-1860, p. 739, et NYPELS, p. 565.

« Comme l'article impose une preuve au vendeur, il faut nécessairement en conclure que sa disposition n'atteint pas l'achéteur... On conçoit que, dans le but, fort irréalisable d'ailleurs, de maintenir le cours des fonds publics, on ait frappé exclusivement le vendeur, parce que son fait tend à la baisse; en matière de denrées, c'est toujours la hausse que l'intervention du législateur tend à modérer; on ne peut que se féliciter de voir à bas prix les choses les plus indispensables; ce serait donc au tour de l'acheteur, dont le fait tend à l'enchérissement des denrées, à subir la répression, si l'égalité n'était ici impérieusement commandée et l'égalité non pas devant la peine, mais devant la liberté... »

M. Pirmez examine ensuite quelles mesures il convient de prendre quant aux spéculations sur les effets publics. Trois solutions sont en présence :

Maintiendra-t-on la législation actuelle?

Adoptera-t-on la recrudescence de sévérité du projet?

Consacrera-t-on ici, comme dans les autres matières, le principe de la liberté des contrats?

C'est pour ce dernier système que le rapporteur de la Chambre se prononce.

« Les spéculations de bourse, dit-il, même celles dont l'issue est le plus essentiellement subordonnée aux incertitudes de l'avenir, n'ont en elles-mêmes rien d'illégitime; elles ne lèsent, en effet, aucun droit.

« Pense-t-on que la spéculation même sur les fonds publics est nuisible et qu'il faut chercher à ce que l'achat des rentes soit un placement et non une affaire passagère?

« Mais comment concilier cette idée avec le mode des emprunts? Jusqu'ici la facilité de transmission a été considérée comme une des plus précieuses qualités des titres de la dette publique; on a de plus en plus dégagé la rente de formalités, et ce n'est certes pas pour lui donner l'immobilité des fonds de terre.

« Qu'un gouvernement essaye de soumettre un emprunt à ces formes gênantes et coûteuses qui entravent les mutations d'immeubles : il réussira sans doute à en écarter la spéculation, mais il apprendra aussi à ses dépens de combien il a diminué la valeur de ses obligations... »

M. Pirmez ne craignit pas de discuter ensuite l'argument que l'on a fait valoir de tout temps contre les opérations hasardeuses : *Elles exercent une influence funeste sur le cours des effets publics et portent ainsi une atteinte au crédit de l'État.*

« Bien au contraire, dit-il, la spéculation a précisément pour résultat de maintenir le cours de la rente et d'en modérer les écarts.

« A ces époques critiques où le lendemain même

est incertain, dans ces moments de trouble où la crainte a envahi tous les esprits, les variations des cours de la bourse sont infiniment brusques, fréquentes et sensibles; l'élément aléatoire des marchés augmente, et par cet irrésistible attrait du sort que démontre si bien le succès des emprunts à primes de quelques-unes de nos villes, les opérations se multiplient et se terminent plus souvent par la ruine ou l'enrichissement de leurs auteurs.

« Ces spéculations à issues diverses ne font pas l'état de choses mauvais dans lequel elles se developpent surtout, elles en sont, au contraire, une conséquence naturelle et elles tendent à améliorer la situation.

« L'appât des gains chanceux appelle des capitaux qui ne se fussent pas présentés pour s'immobiliser, et par là même un frein à la baisse se trouve déjà établi. Chaque opération tend en outre à rapprocher les cours; car, en quoi consisterait la spéculation, si ce n'est à vendre ou à acheter lorsque les prix paraissent monter ou descendre au delà de la ligne que tracent les circonstances?

« Les spéculateurs sont ainsi les surveillants intéressés des variations des cours, et ils ne peuvent profiter de celles qu'ils considèrent comme excessives qu'en faisant une opération qui pousse nécessairement au rétablissement de la vérité des prix.

« C'est donc une profonde erreur de regarder les opérations hasardeuses qui accompagnent l'ébranlement du crédit d'un État comme la cause de cet ébranlement; dans la réalité, elles en affaiblissent les effets. »

Nous coupons à regret cette citation pour signaler un fait qui donna, quelques années plus tard, une éclatante justification aux paroles de M. Pirmez.

Un grand spéculateur, soit qu'il obéît à une fausse appréciation des choses, soit qu'il voulût nuire à certains titres patronnés par des rivaux, se mit fortement *à la baisse* sur ces titres, lesquels ne paraissaient pourtant pas mériter un pareil discrédit; il en vendit à terme de grandes quantités sans les avoir en mains, dans l'espoir de les racheter à bas prix à l'époque de la liquidation.

Le cours commença naturellement par s'affaisser.

Mais bientôt d'autres financiers, jugeant que le prix coté ne répondait pas à la valeur réelle des titres, se mirent à en acheter. A son tour, le spéculateur voyant que plus la liquidation s'approchait et plus les titres qu'il devait se procurer pour en opérer la livraison devenaient rares, et par conséquent haussaient de valeur, donna ordre à ses agents de racheter coûte que coûte la quantité importante qu'il lui fallait avoir pour tenir ses engagements.

La demande étant de beaucoup supérieure à l'offre,

une hausse considérable se produisit sous l'impulsion même du malheureux financier qui avait voulu maladroitement profiter d'une baisse que les événements ne justifiaient pas.

Ce fait, qui est caractéristique, se produira chaque fois que l'on voudra contrecarrer le cours naturel des choses et opérer des mouvements factices sur les valeurs. Il n'est pas nécessaire de recourir, dans ce cas, à des dispositions semblables à celles que contenait le code de 1810; le spéculateur se trouvera puni de sa propre main, et l'importance des pertes qu'il subira dépassera de beaucoup le maximum des amendes que le juge pourrait lui infliger (1).

Quant aux services que la spéculation rend à

(1) Dans ses entretiens avec le comte Mollien, le général Bonaparte présenta, dans les termes suivants, le grief principal qu'il avait contre la vente des effets publics : « Je demande si l'homme qui offre de livrer dans un mois à 38 francs des rentes 5 p. c., par exemple, qui se vendent aujourd'hui au cours de 40 francs, ne proclame pas et ne prépare pas le discrédit; s'il n'annonce pas, au moins, que, personnellement, il n'a pas de confiance dans le gouvernement, et si le gouvernement ne doit pas regarder comme son ennemi celui qui se déclare tel lui-même.

« Sans doute, répond Mollien, celui qui fait un pareil calcul peut être soupçonné d'augurer mal d'une mesure administrative ou d'un événement politique; mais l'influence réelle que cet événement ou cette mesure peut avoir réellement sur le crédit public n'en reste pas moins très indépendante de son calcul; s'il est trompé, il est puni par une forte amende; car, au moment de la livraison, il achètera peut-être au-dessus du cours de 40 francs ce qu'il n'aura vendu qu'au cours de 38 francs; et si (ce qui n'est pas impossible) il lui arrivait de deviner juste, et de devancer l'opinion publique, cette espèce de conseiller indirect pourrait bien en valoir un autre pour le gouvernement lui-même. » (*Mémoires d'un ministre du trésor public*, t. 1er.)

l'État en certaines circonstances, il suffit, pour les établir, de rappeler le rôle qu'elle joua dans le placement de l'emprunt des cinq milliards.

C'est elle qui souscrivit en masse les titres de cet emprunt et qui, confiante dans la richesse et dans l'avenir de la France, en soutint les cours jusqu'au moment où les petits capitaux, d'abord craintifs, eurent consenti à accepter et à absorber ces titres.

Je reviens bien vite au rapport.

M. Pirmez, en dernière analyse, ne voulut pas laisser dans l'ombre la confusion que l'on fait sans cesse entre la *spéculation* et l'*agiotage*.

« Les spéculations de bourse, comme toutes les autres, dit-il, peuvent être déloyales et coupables ; si l'on réserve à ces spéculations, vicieuses dans leurs moyens, la qualification d'*agiotage*, on ne peut trop désirer de le voir toujours et sévèrement réprimé ; la loi en donne les moyens. Mais il faut prendre garde de se laisser entraîner, par des dénonciations odieuses, à condamner des actes, des opérations dont on ne se rend pas un compte exact : les mots ne doivent jamais éclipser les choses. »

Cette distinction que le rapport établit d'une façon si nette entre deux choses tout à fait opposées, bien des esprits hésitent à la faire même aujourd'hui, soit qu'ils obéissent à un sentiment irréfléchi de défiance contre les choses de la bourse, soit qu'ils se soumettent trop facilement à l'empire des idées traditionnelles. Beaucoup de jurisconsultes admettent encore, avec l'auteur de l'exposé des motifs dont nous avons cité quelques extraits, que la spéculation se compose uniquement de jeux de bourse *qui donnent lieu à une infinité de manœuvres insidieuses tendant à dénaturer momentanément le cours des effets publics, exagérant la valeur des uns et dépréciant les autres.*

Ces manœuvres · existent, personne n'en doute, mais il y a, entre elles et la spéculation, la distance qui sépare le commerce honnête de l'escroquerie qualifiée par le code pénal (1). Pas plus que le législateur de 1810, le législateur de 1867 ne se trouve désarmé contre elles.

Le premier avait l'article 419, celui-ci a l'article 311, qui punit sévèrement « les personnes qui,

(1) M. Horace Say, *Dictionnaire de l'économie politique*, v° *Agiotage*, définit ainsi la spéculation : Un placement de capitaux fait avec intel-
« ligence par l'achat à bas prix de denrées ou marchandises (et nous
« savons que les titres au porteur sont des marchandises) dans l'in-
« tention de les revendre plus tard, lorsque les prix s'élèvent. Par la
« première opération, la spéculation empêche la baisse du prix d'at-
« teindre un taux qui deviendrait fatal aux producteurs; par la
« seconde, elle arrête une hausse excessive qui serait fâcheuse pour
« les consommateurs. Cette spéculation est licite; elle est même utile,
« car elle favorise à un haut degré l'expansion des richesses. »
Tout autre est le caractère de l'agiotage qui exerce une influence funeste sur la fortune publique. On peut dire, avec le *Dictionnaire de l'Académie,* que l'agiotage consiste dans les « manœuvres clandestines
« (et frauduleuses) employées soit pour faire hausser ou baisser les
« fonds publics, suivant qu'on joue à la hausse ou à la baisse, soit pour
« faire varier, suivant son intérêt particulier et secret, le prix de la
« marchandise sur laquelle on spécule ».

« par des moyens frauduleux quelconques, auront
« opéré la hausse ou la baisse du prix des denrées
« ou marchandises ou des papiers et effets pu-
« blics ».

Les arguments présentés par M. Pirmez parurent
si puissants à tous que le gouvernement lui-même
déclara, lors de la discussion du projet, qu'il consentait à supprimer les trois articles qu'il avait
proposés. Cette suppression fut votée sans opposition (1).

Il semble que la cause des marchés à terme
fût définitivement gagnée à dater de ce moment et
que la campagne si bien menée par M. Pirmez eût
abouti à un résultat décisif... Il n'en fut pas ainsi.

Une année plus tard, la question fut soulevée de
nouveau à propos de la revision du code de commerce.

Lorsque la commission du gouvernement, poursuivant l'ordre de ses travaux, en arriva à examiner
l'article 90, lequel déclarait, on se le rappelle, « que
« le gouvernement réglerait ce qui concerne la né-
« gociation des effets publics », elle se livra à une
discussion approfondie de la question de validité des
marchés à terme (2).

(1) Séance du 17 avril 1860, *Annales parlementaires*, 1859-1860,
p. 1141.
(2) Séances des 3 et 10 mai 1861, *Docvm. parl.*, 1864-1865, p. 555
et 557.

Il faut le dire, on n'entendit plus énoncer, dans cette réunion de jurisconsultes et d'hommes d'affaires, les principes rétrogrades dont l'éminent criminaliste qui prépara la revision du code pénal s'était fait l'organe deux années auparavant.

Un membre de la commission déclara même que toutes les dispositions prohibitives qui avaient été prises n'avaient jamais abouti qu'à protéger la friponnerie.

Ce membre proposa, pour remédier aux abus dont il reconnaissait volontiers l'existence, de légaliser toutes les opérations de bourse et de proclamer que l'exécution pourrait en être poursuivie devant les tribunaux, afin, disait-il, de rompre avec ce système étrange « qui permet à l'homme de mauvaise foi de « se livrer impunément aux jeux de bourse, sachant « qu'il ne pourra jamais être contraint à exécuter « les obligations qu'il a prises, au cas où l'opération « tournerait à son désavantage ».

Mais ces idées ne prévalurent pas auprès de la commission, et celle-ci voulant, autant que possible, insérer dans la loi un article qui reflétât le dernier état de la jurisprudence, formula la disposition suivante :

« Les marchés qui, sous forme de vente ou de « tout autre contrat, ne contiennent que des obli- « gations éventuelles de payer les différences des « cours au terme convenu, sont régis par les dis-

« positions du code civil sur le jeu et les paris. »

Cet article rencontra une vive opposition au sein de la commission de la Chambre, présidée par M. Pirmez.

La présomption de jeu était cette fois attachée au fait que les parties n'avaient en vue que le payement d'une différence. Mais pourquoi caractériser ainsi de pareilles opérations qui peuvent être parfaitement sérieuses?

Toutes les opérations commerciales ou financières n'ont-elles pas un objet semblable? Le négociant qui achète des denrées n'espère-t-il pas réaliser un bénéfice, au moment de la revente, sur la différence des cours? Ce gain a-t-il une cause illicite? Cette différence ne forme-t-elle pas, au contraire, comme le disait le rapporteur, M. Jamar, « le mobile des « efforts, de l'intelligence et de l'activité du com- « merçant dans toutes les opérations qu'il entre- « prend »?

Le rapport ne se borna pas à attaquer le texte de l'article proposé. Rencontrant les motifs qui l'avaient inspiré, il alla plus loin et démontra que les principes qui guidaient la jurisprudence existante pouvaient être eux-mêmes l'objet des critiques les plus sérieuses.

Il prouva qu'ils étaient bien fragiles les éléments d'appréciation adoptés par les tribunaux pour reconnaître le jeu.

Les livraisons de titres?... Mais est-il possible de suivre ces titres qui, dans un jour de liquidation, passent entre les mains de cent vendeurs?

Le rapport entre l'importance des opérations et la fortune des parties?...

Mais il est souverainement injuste de prendre ce point en considération.

Si une spéculation de bourse est accomplie au moyen de ressources puissantes, on légitimera le même acte que l'on condamnera s'il est l'œuvre d'un homme dont la position financière n'est pas bien établie.

Une semblable solution ne doit-elle point être repoussée au point de vue moral aussi bien qu'au point de vue économique?

Enfin M. Jamar rappela d'une façon éloquente que les abus signalés par les adversaires de la bourse sont inhérents aux choses humaines, et que l'on ne peut vouloir jouir des avantages du crédit sans subir en même temps quelques-uns de ses inconvénients :

« Lorsqu'on ouvre une bourse, dit-il, il faut se
« résigner à l'avance à l'idée qu'il se commettra là
« des actes fâcheux, répréhensibles; de même que,
« lorsqu'on ouvre une tribune libre, on peut prévoir
« qu'il y sera avancé des principes absurdes, qu'il
« y retentira des paroles dangereuses, ce qui n'em-
« pêche pas la liberté de la pensée de rester la

« source vive de toute lumière ou de' tout pro-
« grès (1). »

La commission de la Chambre vota, à l'unanimité,
la suppression de l'article proposé et cette suppression ne rencontra pas d'adversaires au sein de la
Législature (2).

§ 3.

Jurisprudence actuelle.

Poursuivant l'exposé des législations et des décisions judiciaires qui ont régi les opérations de
bourse, nous sommes arrivé à l'époque actuelle.
Avant de recueillir les quelques arrêts qui nous
serviront à la caractériser, il nous paraît utile de
résumer, dans un coup d'œil rapide, le chemin que
nous avons parcouru.

Nous avons vu le législateur du xviiie siècle
chercher à étouffer, sous d'impitoyables décrets,
la spéculation qui naissait à peine à la vie. Les
marchés à terme étaient proscrits ou bien étaient
soumis à des formalités qui avaient pour but de rendre leur existence impossible. Ils se développent
pourtant, et avec eux se développent le crédit et
la richesse publique. Loin de reconnaître leurs

____

(1) Rapport de M. Jamar, *Docum. parl.*, 1864-1865, p. 1029.
(2) Séance du 17 avril 1866. *Annales parl.*, p. 627.

bienfaits, les gouvernements despotiques de l'époque leur attribuent tous les maux causés par leur propre incurie; ils prennent contre la spéculation de nouvelles mesures de rigueur et forgent bientôt tout un arsenal de lois destinées à la faire disparaître.

Rien ne fait; et la spéculation se venge des vaines attaques dont on l'accable en apprenant au monde, par des chiffres d'une vérité cruelle, la gêne et la ruine prochaine de ses persécuteurs.

Ceux-ci tombent en effet, laissant en héritage des édits qui portent bien plus l'empreinte de la haine et des passions que la marque de la justice.

Personne n'ose s'armer de ces dispositions pour demander contre les spéculateurs l'application des châtiments qu'elles comminent; mais le juge civil croit pouvoir y trouver les éléments qui lui permettront de définir le caractère illicite de certaines opérations financières. Imbu tout d'abord des idées sévères de l'ancienne législation, ce juge s'initie peu à peu aux choses de la bourse et finit par reconnaître dans le spéculateur, que l'ancienne monarchie et la révolution traitaient d'*agioteur* et de *criminel*, un auxiliaire utile du travail et de l'industrie. Il le protège à son tour dans une certaine mesure et accueille avec réserve le malhonnête homme qui invoque de mauvaises lois pour se soustraire à ses engagements.

A deux reprises pourtant, notre gouvernement s'efforce de remettre en tutelle la spéculation dont il a constaté avec inquiétude l'émancipation rapide : la première fois, c'est à propos de la discussion du nouveau code pénal, dans lequel il propose d'insérer une disposition qui aurait eu pour effet de ressusciter les anciennes sévérités. Son projet est repoussé par la commission parlementaire ; mais sans se laisser décourager par ce premier échec, il essaye, peu de temps après, de faire définir tout au moins dans la nouvelle loi commerciale certaines opérations qui devraient être considérées comme des *jeux de bourse*.

Cette fois encore les artisans du travail législatif, éclairés par de sages conseils, écartent cette tentative avec une éloquente unanimité.

Après la promulgation du code pénal de 1867, qui ne reproduisit plus les articles 421 et 422 du code de 1810, il ne resta à la justice, pour étayer ses arrêts, que les dispositions du code civil, et les articles 1965 à 1967 devinrent la seule loi des opérations de bourse.

Nous verrons tout à l'heure si l'application de ces articles est bien appropriée aux transactions qu'ils régissent ; bornons-nous, quant à présent, à fixer, par quelques décisions récentes, les règles admises actuellement par la jurisprudence. Les denrées et les fonds publics sont désormais placés sur la même ligne et les principes qui sont applicables à celles-là le sont également à ceux-ci.

Les arrêts que nous rencontrons dans cette période s'attachent, avant tout, à l'*intention* des parties. Le criterium qu'ils acceptent pour décider la question du jeu peut se formuler ainsi : « Les con- « tractants ont-ils eu l'intention *commune, dès le* « *principe*, de résoudre, dans tous les cas, l'opération « par le payement de la différence, l'acheteur n'ayant « pas le droit de réclamer la livraison des titres et « le vendeur ne pouvant exiger, contre cette livrai- « son, le payement du prix (1). »

Dans une espèce jugée le 19 novembre 1869, la cour de Bruxelles écarte l'exception de jeu en déclarant que si l'intention de celui qui opposait l'exception a été de faire des opérations de jeux ou paris, il résulte de tous les documents de la cause que l'agent de change demandeur ignorait ce fait, qu'il exécutait fidèlement les ordres qu'il recevait et qu'il achetait et vendait réellement les titres (2).

Dans une autre espèce, au contraire, la même cour admet l'exception. Elle constate en fait que les marchés litigieux, qui s'élevaient au chiffre de 257,743 francs pour les achats et de 241,524 francs

---

(1) BASTINÉ, p. 124.

(2) *Belg. Jud.*, 1870, p. 885. Voy. aussi Bruxelles, 3 juillet 1869 (PASIC., 1869, II, 253).

pour les ventes, étaient tout à fait hors de proportion avec la fortune de l'intimé, simple cabaretier de village. L'unique but de ce dernier avait été, d'après ses propres aveux, de jouer, à la bourse, sur la hausse et la baisse des fonds publics à l'occasion de la guerre qui venait d'éclater entre l'Autriche et la Prusse, et de liquider ces marchés par le payement de la différence des cours entre le jour du marché et celui du terme. L'agent de change appelant pouvait d'autant moins considérer l'intimé comme un acheteur ou un vendeur sérieux, qu'auparavant l'intimé avait fait, par l'intermédiaire de l'appelant, des marchés à terme sur les Métalliques, qui dépassaient également les ressources de l'intimé et qui ont été aussi liquidés par le payement des différences.

La cour trouve en outre, dans une lettre de l'appelant, la preuve que ce dernier connaissait l'intention de jouer de son mandant. Dans cette lettre, l'agent de change reprochait à l'intimé d'user du procédé « d'un malhonnête homme qui lorsqu'il « *gagne empoche* et lorsqu'il *perd* ne reconnaît pas « ses *différences* (1) ».

Il est difficile de ne pas être un peu de l'avis de cet agent de change et de ne pas regretter avec lui que la loi paraisse prêter son appui aux gens de mauvaise foi. La cour, appliquant à l'espèce les

____

(1) Bruxelles, 8 juin 1870 (*Belg. Jud.*, 1870, p. 1075).

articles du code civil sur le jeu et le pari, ne pouvait pourtant pas ordonner la restitution des différences reçues, lesquelles étaient acquises à l'intimé en vertu de l'article 1967.

On doit remarquer, au surplus, que l'arrêt vise également les articles 421 et 422 du code de 1810, qui étaient encore en vigueur au moment où l'action fut intentée.

Ce qui n'est pas décidé dans cet arrêt, c'est le point de savoir si l'agent de change exécutait réellement les ordres qu'il recevait. Il semble pourtant que ce fait dût être décisif. Comment admettre que l'intermédiaire ait eu l'intention de faire une opération fictive, s'il a réellement acheté et vendu les effets que son mandant lui disait d'acheter ou de vendre ?

C'est ce point que fait ressortir la cour de Poitiers, dans une espèce toute semblable à celle que nous venons de rapporter. L'arrêt pose en principe que l'on ne peut admettre le jeu « que si les *deux* « parties sont *convenues* qu'aucune d'elles ne pourra « être contrainte à faire ou à recevoir livraison et « que l'opération se résoudra nécessairement en un « payement de différences, suivant les cours à l'épo- « que du marché et à celle de la livraison ».

Il s'agissait, dans l'espèce, d'une vente de mille sacs de farine.

L'acheteur, cafetier de petite ville, ne possédant

qu'une maison qu'il n'avait point payée, était dans l'impossibilité de débourser non seulement les 80,000 francs de son marché, mais même la différence des cours, pour peu qu'elle fût importante. Cela ne l'empêcha pas de porter ses spéculations à 300,000 francs, alors qu'il n'avait pas mille francs à sa disposition, et certes, dans sa pensée, les circonstances que nous venons d'énumérer étaient autant de preuves à invoquer, le cas échéant, pour établir son intention de jouer.

La cour n'a pas voulu pourtant faire peser les conséquences de cette mauvaise foi sur l'autre partie. « Celle-ci, dit-elle, a voulu sérieusement faire « un acte de commerce, et la justice doit la proté- « ger contre le joueur qui a caché ses inten- « tions (1). »

L'annotateur de cet arrêt va plus loin encore. « Il faut, déclare-t-il, pour que l'exception de jeu « soit accueillie, qu'un accord soit intervenu entre « parties pour écarter l'exécution réelle du marché. « Mais, en thèse générale, lorsqu'un contrat a été « régulièrement formé, l'un des contractants n'est « pas admis à prétendre que, dans *le secret de sa* « *pensée*, il avait une *intention différente* de celle « qui a été exprimée. »

Ces quelques paroles contiennent une critique an-

____

(1) Poitiers, 19 mars 1863 (DALLOZ, 1863, II, 214 et note).

ticipée de toute la jurisprudence admise actuellement par nos cours. Celles-ci basent leurs arrêts sur l'enquête à laquelle elles se livrent pour connaître l'intention secrète des parties. L'apparence des contrats qui leur sont soumis est toujours sérieuse, et la convention « d'exclure la livraison », qu'exige la cour de Poitiers, n'est jamais mentionnée. Que fait-on? Imite-t-on certains tribunaux étrangers, que nous verrons valider tous les contrats en l'absence de cette stipulation? Non. On se livre à des investigations bien difficiles et bien périlleuses pour connaître la volonté originaire des parties; on recherche toutes sortes de circonstances étrangères à la convention pour savoir ce que cache sous ses lignes ce contrat d'apparence honnête; on fait cette triste enquête à la demande de l'homme improbe qui refuse de tenir l'engagement qu'il a souscrit; et après cette instruction, qui semble participer bien plus des devoirs du juge criminel que d'une enquête civile, on maintient ou l'on déchire des conventions qui devraient former la seule loi des parties.

Mais, disons-le bien vite, nos juges n'admettent qu'avec répugnance l'exception de jeu et, bien souvent, l'expertise à laquelle ils se livrent tourne au désavantage de celui qui oppose l'exception.

Dans un arrêt longuement motivé, nous voyons la cour de Gand écarter avec soin les nombreux faits que l'on invoque devant elle pour démontrer le jeu.

Nous noterons un de ses considérants, parce qu'il répond aux moyens que l'on a longtemps invoqués comme devant faire présumer le jeu.

« Le marché », disaient ceux qui opposaient l'exception, « est hors de toute proportion avec nos res- « sources personnelles et l'importance de nos affai- « res... — Maïs, répond la cour, vous ne tenez « aucun compte de la circonstance que les marchan- « dises vendues ne devaient pas être livrées en une « seule fois, mais, au contraire, échelonnées de mois « en mois. Vous aviez donc le temps de réaliser la « marchandise qui faisait l'objet de la première « livraison avant l'échéance du terme fixé pour la « seconde livraison, et ainsi de suite (1). »

Et, en effet, la marchandise avait été revendue immédiatement après avoir été achetée, et cela sans changer de place.

La cour reconnaît donc, cette fois, comme sérieuse et régulière l'opération qui consiste à acheter pour revendre aussitôt, et à réaliser un bénéfice sur la différence des cours.

Cette spéculation (car c'est bien la spéculation proprement dite) est licite, et la cour amnistie le négociant qui achète dans des proportions qui dépassent ses ressources actuelles, mais qui compte revendre bientôt et qui sait que sa fortune pourra

____

(1) Gand, 10 avril 1873 (*Belg. Jud.*, 1873, p. 1238).

répondre, en tout cas, de la *différence* entre les deux cours.

L'arrêt que nous venons de rapporter a trait à une opération en marchandises. Dans une autre décision, rendue quelques mois plus tard, la cour de Gand énonce des principes tout aussi favorables à la spéculation, à propos d'un marché sur fonds publics.

Elle écarte l'exception de jeu opposée à un agent de change, parce qu'elle reconnaît que celui-ci exécutait réellement les ordres qu'il recevait de son mandant. « Non seulement il n'y a aucune trace « qu'il ait jamais été question que l'agent de change « intimé n'aurait que des différences à payer, sans « avoir de livraison à faire ou à prendre, mais la « supposition même devient *impossible*, puisque « l'intimé aurait dû stipuler cela avec les différents « acheteurs ou vendeurs avec lesquels il traitait « successivement pour exécuter les ordres de l'ap- « pelant. Or, pour réputer les marchés à terme de « simples conventions de jeu ou de pari, il faut que « la *commune intention des parties* ait été de ré- « soudre nécessairement ces marchés en un simple « payement de la différence sur la hausse ou la « baisse du cours des fonds ou marchandises dont « on a traité à terme.

« Il faudrait donc, dans l'espèce, que telle cût « été l'intention non seulement de l'appelant d'une « part, mais aussi de l'agent de change *et de tous*

« *les tiers avec lesquels il a traité à la bourse* (1). »

A une époque plus récente, la cour de Bruxelles a décidé la question dans le même sens : un agent de change demandait son admission au passif de la succession de son ancien client pour une somme de..., du chef d'avances qu'il avait faites pour payer des différences de bourse sur des Métalliques et des titres de rente française.

La veuve opposa l'exception de jeu et invoqua à l'appui de sa défense : 1° la disproportion qui existait entre l'avoir du défunt et l'importance des marchés ; 2° certaines démarches de l'agent de change qui constituaient, d'après elle, une excitation au jeu ; 3° le mode des opérations continuées de quinzaine en quinzaine à l'aide de reports successifs.

La cour admet comme établi au procès que « le défunt, pendant les dernières années de sa vie, éprouvait de graves embarras d'argent et que sa ruine, dès lors consommée, ne laissait aucun doute sur la nature fictive et aléatoire d'opérations qui devaient nécessairement se résoudre en payement de différences, à défaut des ressources indispensables à la réalisation des ventes et des achats intervenus ».

« Mais, ajoute la cour, le défunt a conservé jusqu'à son décès les dehors de la fortune ; cela est si vrai que la déclaration de sa succession accusait un

____

(1) Gand, 24 juillet 1873 (*Belg. Jud.*. 1873, p. 1549).

actif considérable et si ses héritiers ont pu se tromper à ce point, l'erreur est bien plus explicable de la part de l'agent de change.

« Rien, d'ailleurs, dans la conduite de ce dernier, ne suppose la connaissance du jeu de son mandant; ses livres sont tenus d'une manière régulière; ils ne constatent que des opérations autorisées par la loi; ils indiquent les époques des marchés et les noms des différents acheteurs ou vendeurs, maisons de banque et agents de change avec lesquels il a traité successivement, le tout en concordance avec les bordereaux de quinzaine dont les résultats sont inscrits au compte signifié (1). »

Enfin, à une date toute proche de nous, la cour de Bruxelles a confirmé, par adoption de motifs, un jugement du tribunal de commerce qui avait refusé d'admettre l'exception de jeu opposée à une demande en payement d'un billet à ordre causé « valeur en différences de bourse ». Cela ne prouve pas le jeu, dit le tribunal; il faudrait établir que le demandeur savait, au moment même des opérations, que l'autre partie avait l'intention de jouer (2).

______

(1) Bruxelles, 16 décembre 1878 (*Belg. Jud.*, 1879, p. 65).

(2) Arrêt de Bruxelles, du 7 avril 1879 (Pasic., 1879, II, 178), confirmant un jugement du tribunal de commerce de Bruxelles du 19 février 1877 (Pasic., 1877, III, 266). Le 18 mars 1879, le tribunal de commerce de Bruxelles jugeait, au contraire, que, dans l'espèce qui lui était soumise, aucune opération n'était sérieuse, mais qu'il y avait seulement des ventes et des achats, des opérations à prime, se liquidant par des différences.

§ 4.

La loi. (Articles 1965 *à* 1967 *du code civil.)*

Comme on le voit, le fait que des opérations se sont terminées par le payement d'une différence, ce fait qui apparaissait il y a quelque vingt ans à nos magistrats comme la pierre de touche du jeu et qui parut un instant si caractéristique au législateur, qu'il proposa d'en faire une formule de loi, ce fait a perdu aujourd'hui toutes ses vertus révélatrices, et c'est un élément bien plus intime qui sert actuellement à prouver le jeu, c'est l'*intention originaire* des parties.

N'y a-t-il pas déjà là, dans ces contradictions et dans cette variété d'appréciations, une preuve flagrante du danger qui existe, pour le juge, à baser ses décisions sur un texte douteux et mal approprié?

Car enfin il est temps pour nous, maintenant que nous avons accompagné les tribunaux dans leur marche hésitante et difficile, maintenant que nous avons énuméré les vaines tentatives faites par le législateur pour établir des règles définitives, il est temps de nous demander quel est le texte de loi sur lequel on s'appuie pour condamner une partie des conventions commerciales et pour les mettre en dehors du droit commun.

Ce texte est contenu dans les trois articles du code civil que nous allons reproduire :

« ART. 1965. — La loi n'accorde aucune action pour une dette du jeu ou pour le payement d'un pari.

« ART. 1966. — Les jeux propres à exercer au fait des armes, les courses à pied ou à cheval, les courses de chariots, le jeu de paume et autres jeux de même nature qui tiennent à l'adresse et à l'exercice du corps, sont exceptés de la disposition précédente. »

Néanmoins, le tribunal peut rejeter la demande quand la somme lui paraît excessive.

« ART. 1967. — Dans aucun cas, le perdant ne peut répéter ce qu'il a volontairement payé, à moins qu'il n'y ait eu, de la part du gagnant, dol, supercherie ou escroquerie. »

Ce n'est pas sans étonnement qu'on relit ces dispositions… Quelle distance entre leurs termes et les faits qu'ils sont appelés à régir !

C'est dans ces articles que l'on trouve les armes redoutables qui servent à tuer légalement toute une catégorie de conventions… et leur texte semble vouloir écarter avec ironie une assimilation impossible. C'est la bourse qu'a frappée le législateur, dit-on, et le code ne parle que de jeux, de courses à pied ou à cheval, de courses de chariots et d'autres exercices du sport ancien et moderne…

Les discussions, les rapports si développés qui ont précédé et expliqué ces articles fournissent-ils au moins une parole dont on puisse s'autoriser pour justifier cette analogie qui paraît si certaine aux tribunaux, et qui a été caractérisée par eux avec tant de constance qu'elle a passé dans la langue, et que nous nous voyons obligé, nous-même, d'appeler *jeux de bourse* les marchés à terme dont nous nous occupons?

Ici encore même silence (1).

Qu'est-ce à dire et doit-on croire avec d'éminents jurisconsultes français, avec Bédarride, avec Worms, avec Guillard, avec Aubry et Rau, que la doctrine qui a toujours appliqué les articles 1965 à 1967 aux jeux de bourse puisse être sérieusement critiquée?

Ces jurisconsultes écartent d'emblée l'application de ces articles à notre matière et, soulignant la façon générale dont ils sont rédigés, ils renvoient à la législation spéciale, c'est-à-dire aux articles 421 et 422 du code pénal de 1810.

Mais cette législation spéciale n'existe pas en Belgique, et si l'on devait écarter les articles 1965 à 1967, il ne resterait aucune disposition à invoquer contre les jeux de bourse; ceux-ci seraient absolu-

(1) Voir ces travaux préparatoires dans une étude que nous avons publiée, en 1880, dans la *Belgique judiciaire* (p. 33 et 50), sous ce titre : " L'Exception de jeu est-elle d'ordre public et le juge peut-il l'opposer d'office! "

ment libres, et valables au même titre que les autres conventions.

Il est donc permis de se demander, avec plus d'anxiété qu'on ne l'a fait en France, si le législateur du code civil a voulu priver ces transactions de la sanction légale...

Tout d'abord un point qui ne fait pas doute, c'est que ce législateur suivait avec un grand intérêt les progrès de la spéculation. Les entretiens du premier consul avec Mollien, rapportés par ce dernier dans ses Mémoires, sont là pour nous montrer l'importance qu'on attribuait aux choses de la bourse et le rôle considérable qu'on leur reconnaissait dans les affaires de l'État. Bientôt, d'ailleurs, on allait discuter le texte des articles 421 et 422 du code pénal et déterminer avec soin les opérations que l'on devrait défendre comme nuisibles au crédit public.

S'il en est ainsi, l'on se demande pourquoi les auteurs du code, qui se sont étendus avec tant de complaisance sur la définition des jeux utiles et des jeux illicites, n'auraient pas fait une allusion à ce qu'on appelle les jeux de bourse.

Comment! Portalis et les tribuns Siméon et Duveyrier parlent longuement des désastres que produit le jeu, des misères qu'il enfante et du désordre qu'il apporte dans les familles... et ils n'auraient pas mis une phrase dans leurs rapports, un mot dans leur loi pour flétrir les scandales de la bourse et manifester leur intention de l'assimiler au jeu?

Un pareil oubli ne s'explique pas... ou plutôt il s'explique par ce motif que jamais les articles 1965 à 1967 n'ont eu, dans l'intention du législateur, la portée qu'on leur attribue aujourd'hui...

Si nous sommes aussi affirmatif, ce n'est pas seulement parce que nous pouvons invoquer à l'appui de notre thèse les noms puissants que nous citions tout à l'heure, mais aussi parce que le législateur de l'empire a pris soin de nous renseigner lui-même sur ses intentions.

Au commencement de ce siècle, on ne songeait pas encore à réglementer une catégorie considérable de transactions par trois articles du code civil ; on considérait que les choses du commerce devaient être régies par les lois qui le concernent. C'est pourquoi, après s'être occupé, dans deux sections, des bourses de commerce, des agents de change et des courtiers, le code de commerce a pris soin d'ajouter (art. 90) *qu'il sera pourvu par des règlements d'administration publique à tout ce qui est relatif à la négociation et transmission de propriété des effets publics.*

En promettant d'édicter des dispositions spéciales pour réglementer les affaires de bourse, le législateur était d'accord avec la logique. L'importance acquise par les valeurs mobilières était déjà assez grande pour que l'on songeât à faire pour elles une loi qui leur fût propre.

La réglementation promise n'est pourtant jamais venue, et, aujourd'hui encore, la matière qui nous occupe n'est régie en France que par les articles 421 et 422 du code pénal.

Le juge français a trouvé dans ces articles des éléments suffisants pour caractériser, même au point de vue des intérêts civils, les opérations qui présentent à ses yeux les caractères du jeu ou du pari.

Mais, encore une fois, ces articles n'existent plus en Belgique... et certains marchés à terme sont pourtant considérés comme illicites!... et la justice refuse de les sanctionner!

Le code civil punit le jeu, dit-on, cela suffit...

Mais, dans cette matière où la question d'intention occupe, paraît-il, une si grande place, s'est-on jamais demandé quelle a été l'*intention du législateur!* Celui-ci définit et punit, dans son code pénal, certains marchés à terme qu'il considère comme des paris sur les effets publics... et l'on pourrait admettre qu'il existe d'autres marchés qui lui auraient paru également illicites mais qu'il n'aurait frappés d'aucune peine!

Il y aurait eu ainsi deux catégories de jeux de bourse : les uns, caractérisés par la loi et punis de la prison; les autres, non déterminés par le législateur, mais susceptibles d'annulation au gré du juge!

Nous disons que cela est inadmissible et nous pouvons invoquer, à l'appui de notre dire, le jugement que portait la cour de Bruxelles elle-même, il y a quelque quarante ans, sur un système semblable à celui que nous attaquons. A cette époque, l'on prétendait également que les articles du code pénal ne formaient pas toute la législation sur les jeux de bourse et qu'il fallait appliquer à ceux-ci, non pas l'article 1965, mais d'anciens décrets. « Non, répond la cour, on ne peut admettre qu'il « y ait deux catégories de paris en matière d'effets « publics, l'une entraînant, l'autre n'entraînant pas « la prison, en sorte que des faits placés par la loi « sur la même ligne, quant à leur qualification, « leur moralité et leurs résultats, vrais ou présumés « tels, devraient amener la choquante anomalie « d'être diversement réprimés. Cela n'est admis- « sible ni en raison, ni en logique. » Telle est l'opinion de la cour, tel est également notre humble avis; si le législateur avait voulu flétrir d'autres opérations que celles dont il parle dans les articles 421 et 422, il s'en serait expliqué formellement.

Suppléer à son silence, raisonner par voie d'analogie, c'est faire la loi.

Qu'on ne l'oublie pas, l'intention du législateur était, lorsqu'il formula ses codes, de créer un édifice nouveau et d'un ensemble harmonieux, qui effacerait à jamais l'ancienne législation sur les ruines de laquelle il était édifié.

A ce moment, les marchés à terme étaient encore prohibés ou soumis à des conditions rigoureuses par les décrets existants. Napoléon voulut connaître le mécanisme des opérations de bourse et rechercher avec impartialité jusqu'à quel point les préventions profondes qu'il nourrissait contre elles étaient justifiées.

A deux reprises, dans ses entretiens avec le comte Mollien et dans la conversation qu'il eut, quelques années plus tard, avec le syndic des agents de change, il énuméra tous ses griefs, dont le plus grave, on le sait, provenait de la baisse qui se produisait, à chaque nouvelle guerre, sur les titres de l'État. Ses interlocuteurs lui expliquèrent longuement ce qui se passait à la bourse, et c'est éclairé par eux que Napoléon présida à la rédaction des codes.

Ces codes renferment deux dispositions qui s'occupent des marchés de bourse : l'une, contenue dans les articles 421 et 422, l'autre dans l'article 90 du code de commerce.

L'action du législateur de cette époque se justifie parfaitement : il voulait réprimer pénalement certaines transactions qu'il jugeait dangereuses au point de vue de l'intérêt public : c'est dans son code pénal qu'il s'occupe de ces transactions. Il pensait, d'autre part, qu'il y avait lieu de réglementer les transmissions des titres au porteur : il fait de cette réglementation l'objet d'une promesse législative. Prenons le contrepied de la phrase de l'arrêt et disons que cela est conforme à la raison et à la logique.

Ce qui l'est peut-être moins, c'est de forcer les termes d'un texte de loi et d'y faire rentrer, bien malgré elles, des définitions qui répugnent à une pareille adaptation.

Résumons-nous en disant que le code civil ne s'est pas occupé des opérations de bourse et que les articles 1965 à 1967 n'ont jamais eu pour but de les réglementer (1).

Or, en cas de silence du code, on sait que les tribunaux doivent se guider d'après le droit commun et les usages de commerce. C'est ce que déclare formellement un avis du conseil d'État (2).

Nous verrons que les règles générales du droit civil, loin d'être contraires à nos opérations, les autorisent formellement.

Quant aux usages, s'il est vrai qu' « il y a usage « chaque fois qu'un fait a été reproduit d'une ma-

---

(1) La plupart des auteurs qui ont traité tout récemment la question (et notamment Salzedo, Courcelle-Seneuil, Mathieu-Bodet) partagent cette manière de voir. —Un argument sérieux qui vient soutenir notre thèse résulte encore de ce fait que les tribunaux qui ont eu à juger des affaires de bourse, pendant les dix premières années qui ont suivi la promulgation du Code Napoléon, n'ont jamais songé à leur appliquer l'article 1965. (Voy. BADON-PASCAL, p. 84 et suiv.)

(2) Avis du 13 décembre 1811, approuvé le 22 du même mois.

« nière uniforme par la généralité des commerçants
« d'une place ou d'un pays (1) », nous pourrons invoquer en cette matière, non pas l'usage de telle
ou telle ville, mais la pratique universelle des bourses de commerce, lesquelles s'accordent à rejeter,
avec un ensemble éloquent, la loi qui permet d'opposer l'exception de jeu.

Nous venons de dire que si l'on s'en tient aux
principes généraux du code civil, on doit valider
tous les marchés à terme. Cette démonstration,
nous essayerons de la faire tout à l'heure et nous
nous efforcerons de la rendre complète en justifiant
la légalité de certaines opérations, les reports et les
opérations à prime, dont le nom seul, pour beaucoup
d'oreilles, sonne comme l'équivalent du jeu.

Mais auparavant, nous voulons écarter de notre
route tout ce que les articles 1965 et suivants pourraient y laisser de broussailles ; nous voulons poursuivre le thème que nous avons commencé et établir non seulement que ces articles se taisent en ce
qui concerne les marchés à terme, ce qui suffirait
peut-être à écarter leur application, mais aussi que
cette application n'est pas possible ; qu'en un mot,
les éléments du jeu ne se trouvent pas dans les opérations dont nous nous occupons, et que c'est par un
véritable abus de termes qu'on donne à celles-ci le
nom de *jeux de bourse*.

(1) BASTINÉ, p. 23.

III

LÉGALITÉ DES OPÉRATIONS DE BOURSE.

§ Ier.

Jeu et spéculation.

Nous allons tâcher de faire cette démonstration, et, pour la rendre plus facile, nous demanderons au lecteur la permission de quitter de temps à autre le domaine de la théorie pour pénétrer avec lui sur le terrain de la pratique ; nous entr'ouvrirons, en sa compagnie, les portes de la Bourse, et là, dans ce temple de la finance d'où les dieux de la fantaisie sont bannis, nous écouterons le langage des faits et nous essayerons de recueillir les leçons de l'expérience.

Nous savons aujourd'hui ce qu'on entend par jeux de bourse, nous savons que les tribunaux définissent ainsi les marchés à terme qui n'ont pour objet, selon l'intention des parties, qu'une spéculation sur la différence des cours.

Cette définition est-elle inattaquable ?

Laissons un instant de côté les difficultés de preuve, ne pensons pas à l'incertitude, aux dangers que doit toujours offrir une enquête sur l'*intention* des parties ; supposons que cette intention soit établie, qu'il soit prouvé que les contractants ont voulu spéculer sur une différence de cours; imaginons, par exemple, qu'un financier ait acheté à terme une certaine quantité de titres pour une somme supérieure à celle dont il peut disposer, et cela dans l'espoir de les revendre avec bénéfice avant le moment de la livraison ou à ce moment même.

Peut-on dire qu'il y a eu *jeu?* L'opération est-elle un pari sur la hausse? Ah! certes, ce financier qui s'assied peut-être le soir à une table de roulette ou d'écarté pour se reposer des fatigues de la journée serait bien étonné d'entendre formuler une pareille question... Sa surprise serait grande en entendant dire par des hommes graves, par des jurisconsultes, que son travail du jour et sa récréation de la soirée ne sont qu'une seule et même chose.

Cette surprise redoublerait si on lui affirmait que toutes les combinaisons, toutes les spéculations qui ont agité son esprit et qui l'ont fatigué à l'extrême doivent être assimilées à du jeu, à ce jeu dont Portalis disait « qu'il favorise l'oisiveté en séparant « l'idée du gain de celle du travail » ; cette surprise toucherait enfin à la dernière limite s'il entendait comparer, comme l'a fait le rapporteur de notre code pénal, le palais magnifique construit par l'administration à son usage, à « une maison de jeux de hasard ». Car enfin, semble-t-il, il existe un abîme entre ces deux choses que l'on veut fondre en une seule... Le jeu, le pari est basé sur l'incertitude complète, sur le hasard ; aucune loi, aucune règle ne guide le joueur. Il met le doigt sur un numéro ; si la chance lui est favorable, il gagne ; si elle lui est contraire, il perd. Aucune aptitude, aucune préparation n'est exigée de lui avant qu'il entre en lice ; aucune science de calcul, aucune connaissance des règles économiques ne pourra le servir. Ce n'est pas, loin de là, l'homme le plus intelligent qui sera le plus heureux au jeu.

« Que font deux joueurs qui luttent ensemble ? « disait Portalis ; il se promettent respectivement « une somme déterminée dont ils laissent la disposition à l'aveugle arbitrage du hasard. »

En est-il de même du spéculateur ? Ne suit-il aucun principe ? N'obéit-il à aucune loi et soumet-il ses combinaisons à l'*aveugle arbitrage du hasard* (1)?

Ah ! certes, il peut se présenter un homme assez téméraire, assez inintelligent pour acheter ou pour vendre de grandes quantités de titres dont il ignore la valeur. Mais il n'est pas nécessaire que la loi

(1) N'oublions pas de rappeler, avant d'entrer dans cette discussion, que l'art. 1965 ne s'applique qu'aux *jeux de hasard*. Cela résulte formellement des travaux préparatoires du code civil et notamment de l'exposé des motifs par Portalis : « Le principe que la loi n'accorde « aucune action pour les dettes de jeu n'est rigoureusement appli- « qué, dans le système du projet de loi, qu'aux obligations qui ont leur « source dans les jeux *dont le hasard est l'unique élément.* »

Si les opérations de bourse ne font pas partie de ces jeux « dont le hasard est l'unique élément », il n'est certes pas possible de leur appliquer l'article 1965 ni de les priver d'une action en justice.

civile ou pénale intervienne pour le punir. Son opération peut réussir tout d'abord, mais bientôt il portera la peine de son imprudence : à la bourse, comme partout, l'on ne peut impunément ignorer son métier.

Le spéculateur n'est pas ce joueur téméraire que l'on se représente trop souvent : s'il porte son attention sur une valeur, c'est qu'il l'a étudiée, c'est qu'il s'est enquis des ressources, du crédit, de la solvabilité de l'État ou de la société qui en a fait l'émission. S'il croit à la hausse, s'il achète, c'est que son expérience d'homme d'affaires, la connaissance qu'un long apprentissage lui a donnée de certaines règles économiques et des choses de la finance, lui font présumer que la hausse doit arriver.

Voici, je le suppose, une entreprise de chemin de fer, de mines ou de tramways, peu importe. L'affaire est bonne et bien gérée. Mais elle est peu connue encore et ne jouit pas de la faveur du public : ses titres sont délaissés et le crédit de la société s'en ressent. Il faut pourtant de l'argent et beaucoup d'argent pour que l'entreprise puisse marcher, étendre ses opérations, donner essor à son activité.

Comment trouver des prêteurs alors que la cote, qui agit comme un véritable donneur de références pour tous les titres au porteur, ne renseigne au public qu'un chiffre minime pour la valeur dont il s'agit? Que faire et à qui s'adresser pour trouver cet argent indispensable?... Tenter une émission? Mais l'épargne craintive resserre les cordons de sa bourse et refuse son concours à une entreprise qui lui paraît hasardée. Faudra-t-il donc laisser avorter l'entreprise faute de capitaux, et priver peut-être la société d'un champ précieux d'activité? Que l'on se rassure, la spéculation est là, habile à rechercher toutes les occasions de gain et intéressée à rétablir le cours des actions injustement négligées, afin de réaliser un bénéfice sur la revente. Elle s'enquiert de la situation de l'affaire, elle pèse mûrement les bonnes et les mauvaises chances, elle n'a pas seulement égard au présent, elle veut prévoir l'avenir; elle se demande si l'administration est assez intelligente et assez probe pour faire un emploi judicieux des capitaux qu'on pourrait lui confier et pour assurer, par la consolidation d'une forte réserve, la stabilité de l'entreprise; elle recherche aussi, d'un autre côté, si les capitaux que l'on demande seront assez forts pour parer aux accidents imprévus, aux crises de quelque durée, et si les prêteurs actuels n'auront pas à redouter la concurrence prochaine d'autres capitalistes que l'on serait obligé de solliciter. Si le résultat de cet examen est favorable, le financier achète les titres, et son argent va fournir à l'entreprise l'outil qui lui est nécessaire. Mais si, et le cas est bien fréquent, le financier n'a pas à lui seul les ressources suffisantes pour prendre livraison des titres, il les achète à terme, espérant que le public, mieux renseigné, viendra les lui demander et qu'il pourra ainsi les placer, les revendre avant le terme fixé pour la prise de livraison. S'il n'a pas réussi pourtant à ce moment, il garde, au moyen d'une opération ingénieuse appelée *report,* la position d'acheteur, de quinzaine en quinzaine, de mois en mois, jusqu'à ce que, vendant avec bénéfice les titres qu'il a achetés, il parvienne à payer, sur le montant de la vente, et le prix d'achat qu'il doit et les frais de report.

Qu'importe donc que le capitaliste dont nous nous occupons ait pris ou non livraison des titres? Qu'importe qu'il ait spéculé pour réaliser une *différence* sur les cours? L'entreprise n'a-t-elle pas trouvé soit dans les capitaux qui lui sont fournis, soit dans le crédit de l'acheteur à terme, les ressources dont elle avait besoin, et le mouvement donné par la spéculation à ses titres ne leur a-t-il pas imprimé l'animation et la mobilité qui sont la vie même des effets au porteur et qui, lorsqu'ils disparaissent, en font des corps inertes, que la cote vient tristement recueillir pour les enfouir dans le compartiment des *valeurs en souffrance,* véritable coin des réprouvés !

Et pour en revenir à l'objet de notre démonstration, pourra-t-on dire que notre *spéculateur* n'est qu'un *joueur* et qu'il n'a pour règle et pour horizon que le hasard, c'est-à-dire le vide et le néant?

« Je sais bien, dit M. Courtois, je sais bien que pour le public qui fréquente un peu la Bourse, un spéculateur n'est qu'un joueur plus ou moins heureux ou adroit, si ce n'est pis; mais ce serait bien méconnaître la nature humaine que de s'arrêter à cette opinion. Non, certes, quoique l'envie et l'ignorance puissent verser leur venin sur de tels hommes, il faut, quand ils possèdent la qualité rare de ravir au hasard tout ce qu'il nous est possible de lui enlever, quand ils remplacent ses lois aveugles par des prévisions basées sur la connaissance du cœur humain et la nature des choses, il faut le reconnaître, ce sont de grandes intelligences (1). »

Nous ne craignons pas (qu'on nous pardonne l'expression) de prendre le taureau par les cornes et, bien que nous puissions choisir ailleurs nos exemples, qui tendent à démontrer l'absence du jeu dans la spéculation, nous préférons citer encore un financier qui fait des transactions pour un chiffre supérieur à sa fortune personnelle.

Les délégués des puissances réunis en congrès monétaire ont décidé, supposons-le, d'adopter l'étalon bimétallique. Désormais l'argent, comme l'or, servira de mesure monétaire.

(1) Courtois, fils. — *Traité élémentaire des opérations de bourse,* 8ᵉ édition, p. 152.

Cette décision cause naturellement une hausse notable dans le prix du premier métal.

Un spéculateur se dit que les titres d'emprunt d'un pays étranger, dont on payait les coupons d'intérêt en monnaie d'argent, vont acquérir une plus-value certaine, puisque cette monnaie, qui perdait sur le change dans les pays à étalon d'or, sera désormais reçue sans dépréciation.

Vite il se met *à la hausse* sur ces titres, c'est-à-dire qu'il en achète à terme des quantités considérables, espérant les revendre avec bénéfice avant le moment fixé pour la prise de livraison.

Sans doute ce spéculateur n'aura jamais eu en mains les titres, objet de son achat et de sa revente ; sans doute son opération se liquidera par le payement d'une différence, différence à son bénéfice si ses prévisions se réalisent et si les titres haussent de valeur, différence en perte, au contraire, si c'est la baisse qui se produit.

Mais suffit-il que cette tradition réelle fasse défaut pour que l'on puisse taxer de jeu la transaction de notre spéculateur ? Ne compte-t-on pour rien tout son travail intellectuel si différent du mobile stupide et irraisonné qui guide le joueur : travail de calculateur, travail d'économiste, car le spéculateur doit connaître à fond la situation du pays ou de l'entreprise dont il traite les titres ; travail toujours agité et enfiévré, car pour lui la rapidité d'information est un grand élément de succès, et il doit employer, pour être promptement renseigné, tous les procédés que la science moderne met à sa disposition?

Qu'importe encore une fois la livraison ou la non-livraison des titres, et en quoi la spéculation de ce financier renferme-t-elle plutôt du jeu que la spéculation faite tous les jours par le négociant qui achète dans tel pays du vin, du blé ou toute autre denrée pour la revendre dans une autre contrée où la *demande* est plus forte, et pour réaliser ainsi un bénéfice sur la différence des cours, souvent avant l'arrivée de la marchandise?

Cette différence n'est-elle pas toujours, pour le banquier comme pour le marchand, « le mobile de « ses efforts, de son activité et de son intelli- « gence (1) »? Et par cela même toute idée de jeu n'est-elle pas exclue?

Ces efforts, cette activité, cette intelligence, le spé- culateur les emploie pour analyser toutes les valeurs cotées à la bourse et pour déterminer celles qui feront l'objet de ses transactions. Fonds d'États, de pro- vinces ou de villes, actions ou obligations de chemins de fer, de canaux, d'industries diverses : tous ces titres qui représentent les œuvres les plus gran- dioses de l'activité humaine et qui se donnent tous

_____

(1) Rapport de M. Jamar.

rendez-vous dans cette halle aux papiers que l'on appelle une Bourse de commerce, tous passent sous le crible impitoyable de l'homme d'affaire.

Point de ménagements, point de faveurs; l'intérêt est là qui seul est écouté et qui détermine d'une façon impartiale la valeur réelle de chacun.

Un chiffre concis placé sur la cote, en regard du titre, révèle à lui seul la réussite ou l'insuccès de l'entreprise, la prospérité ou la gêne de l'État ou de la commune qui l'a émis (1).

« Mais, nous dira-t-on, ces spéculateurs que vous nous citez remplissent, en effet, une mission utile à la société; ils impriment aux capitaux et aux papiers le mouvement qui leur est nécessaire et, en achetant les titres qui leur paraissent dépréciés, en ven-

(1) Le jeu n'a jamais rien créé; la spéculation de bourse, au contraire, même avec ses excès, a enfanté des merveilles; on peut même dire qu'elle a contribué puissamment à la grandeur de la France, puisque c'est elle qui a fondé le crédit de l'État, fait les chemins de fer, développé le commerce et l'industrie et subvenu aux travaux de la paix comme aux rançons de la guerre.

Après nos derniers désastres, nous avons eu une consolation dans le magnifique succès de l'emprunt de 5 milliards. Ce succès doit être attribué en grande partie à la spéculation qui, après avoir souscrit les rentes, les a mises en report pour les livrer au fur et à mesure des besoins du marché au comptant.

Tout, en résumé, est spéculation dans la vie, quand il s'agit d'actes qui n'ont que l'intérêt pour guide; les choses mobilières et commerciales, de même que les choses immobilières, en sont l'objet...

Relativement à la spéculation de bourse, on oublie trop qu'elle est un élément essentiel du crédit public, de même que la spéculation commerciale est l'âme du commerce et l'aliment de la consommation. (BADON-PASCAL. *Des Marchés à terme*, 2ᵉ édition, p. 13.)

dant ceux qui leur semblent trop chers, ils aident à fixer, dans leur intérêt propre d'ailleurs, cette grande loi de l'offre et de la demande qui gouverne le monde économique... Mais le joueur, nierez-vous qu'il existe, nierez-vous qu'on le retrouve dans toutes les classes de la société, parmi les artisans, parmi les rentiers, parmi les industriels, parmi les financiers surtout, cet homme qui, dédaignant les gains modestes et honnêtes, veut élever sa richesse sur des *coups de bourse,* et compromet dans le plus néfaste des jeux son avenir et celui de sa famille? »

Si nous cherchions, dans cette étude, à soutenir une thèse plutôt qu'à rechercher la vérité, nous pourrions faire une réponse facile à cette question. Nous pourrions rappeler les décrets de l'ancienne monarchie, ceux de la Révolution, les dispositions du code pénal de 1810, les projets du législateur belge et enfin les arrêts si nombreux et si divers de nos tribunaux et des cours françaises; nous pourrions dire que tous ces législateurs, tous ces magistrats entrevoient différemment la question du jeu et que le spéculateur qui, pour les uns, est un misérable joueur, se trouve être pour les autres un parfait honnête homme; nous pourrions donc demander à notre tour qu'on nous montre sous des traits saisissables ce joueur que la loi et la justice ont vainement tenté de définir.

Nous ne le ferons pas... et en ce moment même où une spéculation effrénée vient de remplir de ruines et de désastres les deux plus grandes villes de la France, — en ce moment où la fièvre du jeu vient à peine de s'éteindre, laissant derrière elle le suicide et la faillite, — en ce moment enfin où nous voyons se reproduire, avec une surprenante fidélité, les tristes scènes qui ont marqué la chute de Law et de son système, nous serions le premier à demander le maintien de la législation actuelle, toute bizarre qu'elle soit, si elle pouvait empêcher ou atteindre en quoi que ce soit ces scandales.

En est-il ainsi ?

Nous répondons hardiment : *Non;* et notre réponse, nous la donnons comme un écho de celle que formule l'opinion publique tout entière. Cette fois, ce n'est pas seulement la conscience des honnêtes gens qui proteste et qui s'indigne en voyant des hommes improbes refuser de tenir leurs engagements et se cantonner derrière la loi pour éviter de solder leurs pertes, tandis qu'ils auraient invoqué cette même loi s'il s'était agi de réclamer un gain; ce sont les économistes, ce sont les savants qui cherchent à connaître les causes de cet écroulement épouvantable des fortunes, qu'un mot énergique « *Krach* » a si bien résumé; ce sont eux qui veulent appliquer à la situation un remède puissant et qui voient ce remède dans la liberté des engagements (1); ce sont enfin les gens de bourse qui ont aussi voix au chapitre et qui sont intéressés, eux surtout, à voir cesser une situation qui non seulement les ruine, mais aussi qui les rend tous suspects vis-à-vis de l'opinion et qui fait rejaillir sur eux tous la honte méritée par quelques-uns; ce sont ces gens de bourse qui, sous l'impression immédiate de la catastrophe, s'adressent à la législature et lui demandent, par pétition, la suppression de l'exception de jeu.

Ah! certes, il existe d'autres remèdes encore à appliquer, et nous n'aurons pas la naïveté de prétendre que la suppression de l'article 1965 constitue une panacée radicale. Mais il est certain que cet article est le complice principal de l'agiotage, et, que cet agiotage, qui a pu pénétrer dans toutes les classes de la population, aurait trouvé un tout autre accueil, si les personnes qui ont écouté ses séduisantes promesses avaient pu croire qu'elles ne spéculeraient pas avec impunité et qu'en cas de perte elles seraient tenues *de payer leurs diffé-rences*...

Mais j'aborde un ordre d'idées que je veux réserver pour la conclusion de cette étude. J'ai

---

(1) Le *Journal des Débats* notamment a publié, dès le début de la crise (en juillet 1881), une série d'articles remarquables dans lesquels il recommande la suppression de l'exception de jeu comme un moyen certain d'éviter pour l'avenir les catastrophes financières.

voulu montrer ici que le spéculateur qui traite un
marché à terme ayant même pour objet une différence de cours, ne peut être assimilé aucunement au
joueur dont s'occupe l'article 1965. C'est là, peut-
on dire, le point de vue *subjectif*. J'essayerai maintenant de pénétrer le mécanisme des différentes
opérations de bourse, et de démontrer, au point de
vue objectif, leur parfaite légalité.

§ 2.

Opérations de bourse.

Je commencerai cet exposé en analysant briè-
vement une classe de transactions qui n'ont jamais
été suspectées, mais qu'il importe pourtant de ne
pas négliger.

1° LES MARCHÉS AU COMPTANT.

« L'opération de bourse au comptant est celle
dans laquelle l'acheteur prend immédiatement
livraison des titres et paye de même, et, réciproquement, le vendeur livre de suite les effets contre
payement (1). »

Cette définition est absolument exacte en théorie,
mais, en fait, l'on accorde aux parties un certain

_____
(1) GUILLARD, p. 41.

délai pour l'exécution, délai qui varie suivant l'usage des différentes places de commerce.

A Bruxelles, les affaires au comptant se liquident le lendemain de leur conclusion, à moins que le jour ne soit férié ou que la Bourse ne soit fermée.

Toutefois la levée et la livraison des titres ne peuvent être exigées que le second jour de bourse qui suit la conclusion du marché. Passé ces délais et, à moins de convention contraire, les marchés sont exécutés conformément aux usages de la bourse (1).

Personne n'a jamais mis en doute la parfaite légalité des opérations au comptant (2).

Celles-ci, pour beaucoup de jurisconsultes et d'économistes, sont mêmes les seules licites; et, chose bizarre, cette opinion semble avoir été accueillie par le règlement actuel de la Bourse de Bruxelles, lequel s'est inspiré, manifestement, des anciens préjugés français dont la loi belge de 1867 s'est pourtant écartée d'une manière si explicite. En

---

(1) Règlement de la Bourse de Bruxelles, art. 19. Voyez l'énumération de ces usages dans le *Code de la Bourse* de Bastiné, p. 515. Il y est dit notamment que l'acheteur ou le vendeur qui ne s'exécute pas doit être d'abord constitué en demeure par lettre chargée et en double, dont l'un des doubles est adressé à la commission de la Bourse pour information. Après vingt-quatre heures, on peut racheter ou vendre, selon le cas, aux risques et périls de la partie en défaut. La différence en plus ou en moins est au profit ou au détriment de cette dernière.

(2) Les négociations d'effets publics au comptant excluent toute présomption de jeu, dit un arrêt récent. (Lyon, 7 janvier 1881. D. P., 1881, 12, 153.)

effet, le règlement déclare (art. 14), « que le parquet est *exclusivement* consacré à la négociation des affaires au comptant et que les contrevenants sont passibles de peines (1)... »

Dans le même article, le règlement dit en outre : « que les agents de change et courtiers pourront faire constater les cours auxquels des valeurs auront été négociées *au comptant* par leur entremise ».

On accorde donc un véritable privilège aux marchés au comptant : ils ont seuls les honneurs de la cote et d'une négociation officielle. Quant aux marchés à terme, ils ne sont pas seulement oubliés, ils sont proscrits. Tout agent de change qui se permet de les négocier commet un délit de bourse, encourt une pénalité.

Hâtons-nous de dire que ces prescriptions bizarres ne sont nullement observées dans la pratique et que les marchés à terme sont traités, par les agents de change, tout comme les opérations au comptant.

Mais pourquoi cette distinction dans le règlement? Pourquoi cette préférence si marquée pour une catégorie d'opérations et cette défaveur pour une autre? L'explication est facile.

---

(1) Cet article 14 est d'ailleurs formellement contredit par l'article 22 du même règlement, lequel s'occupe de la liquidation des *marchés à terme.*

L'opération au comptant se liquide immédiatement ou à peu près : par cela même, croit-on, la spéculation s'en trouve bannie.

Et, en effet, ce qui distingue la spéculation, ce qui en est l'élément essentiel, c'est l'incertitude de l'avenir, ce sont les chances de cet avenir inconnu, que le spéculateur escompte et sur lesquelles il base ses prévisions, achetant quand il croit à la hausse, vendant si c'est la baisse qu'il attend, mais toujours cherchant à réaliser *un bénéfice sur la différence des cours*.

C'est cette intention « de bénéficier sur les différences », marque de la spéculation, disons-nous, marque du jeu, dit-on plus souvent, c'est cette intention que l'on ne reconnaît pas dans les opérations au comptant qui servent généralement au placement des capitaux. Ici c'est la stabilité, là c'est l'alea qui domine.

Cela est vrai d'ordinaire, mais le contraire se manifeste fréquemment aussi, et les événements récents qui se sont passés à la bourse nous ont montré que la spéculation s'attache aux marchés au comptant tout aussi bien qu'aux opérations à terme.

Celles-ci ont été, en effet, paralysées complètement pendant un certain temps : les nuages amoncelés par les *krachs* de Paris et de Lyon paraissaient si menaçants, la panique était telle, que les capitalistes

7

n'osaient plus prendre ni accepter des engagements pour l'avenir et qu'ils se bornaient à traiter au comptant.

On les vit alors acheter des titres qu'ils *levaient* immédiatement, c'est-à-dire dont ils prenaient livraison, décidés à attendre la fin de la crise et espérant réaliser un bénéfice sur la *différence des cours*.

Ce n'est point là un fait exceptionnel. « Il y a à la Bourse une catégorie de spéculateurs peu hasardeux qui savent habilement profiter des circonstances présentes pour faire, non pas, à proprement parler, des placements de pères de famille, mais un emploi provisoire, quelquefois fort lucratif, de leurs capitaux. Lorsqu'une valeur se trouve dépréciée sans que la défaveur dont elle est l'objet soit justifiée, les capitalistes dont nous parlons l'achètent au comptant, avec l'intention de la revendre dès qu'une hausse sensible se sera produite; c'est principalement dans les temps de crise politique (ou financière), ou dans les grandes guerres qui ne manquent jamais d'amener une baisse importante sur toutes les valeurs, que les capitalistes doivent acheter en attendant des jours meilleurs. »

Et Guillard, que nous citons, ajoute que ce genre de spéculation, la moins aventureuse que l'on puisse essayer, est encore celui qui a élevé le plus de fortunes moyennes à la Bourse.

Les achats et les reventes continuels à terme

peuvent bien en effet produire par moments des résultats plus importants, mais, en fin de compte, si l'on défalque les pertes résultant des opérations malheureuses et les courtages qu'il faut payer aux intermédiaires, c'est à peine si, avec une bonne chance, les spéculateurs parviennent à se liquider avant la fin de l'année; au contraire, le porteur de titres qui les a acquis à un prix inférieur à leur valeur et les a payés comptant peut se reposer sans inquiétude sur sa fortune et attendre une reprise qui, tôt ou tard, ne saurait manquer de se manifester.

Rien de plus licite sans doute que cette opération, et certes ce n'est pas ce désir de faire un bénéfice, désir qui existe dans toutes celles des actions humaines qui ont l'intérêt pour mobile, ce n'est pas là ce qui constituera le jeu et qui fera appliquer l'article 1965 à l'innocente spéculation que nous venons d'indiquer.

Il n'en est pas moins vrai que cette spéculation, tout comme celle qui prend le marché à terme pour instrument, repose sur l'élément intellectuel qu'une partie de la doctrine réprouve et condamne : l'*intention* de réaliser un bénéfice sur la différence des cours !

2° LES MARCHÉS A TERME ET LE COMITÉ DE LIQUIDATION.

Le marché à terme réunit les mêmes éléments que la vente au comptant : *res*, *pretium*, *consensus*, mais l'exécution en est différée jusqu'à l'arrivée d'un terme accepté par les parties.

Le choix de ce terme ne dépend pas de la seule volonté des spéculateurs.

A Bruxelles, c'est la commission de la Bourse qui fixe, dans la première quinzaine de décembre de chaque année, les jours de liquidation des affaires à terme pour l'année suivante (1). Ces jours sont d'habitude le 15 et la fin de chaque mois.

Ainsi je suppose que A désire acheter 100 Métalliques au cours de 60 florins.

Il pourra évidemment faire acheter ces titres au comptant et les garder dans son portefeuille, soit pour les conserver comme placement, soit dans l'espoir de les réaliser plus tard avec bénéfice.

Mais s'il ne peut ou ne veut pas disposer immédiatement du prix nécessaire à l'acquisition de ces valeurs, il les achètera à terme, c'est-à-dire qu'il ira trouver un agent de change (toute opération de bourse devant se traiter par ces intermé-

____

(1) Article 22 du règlement.

diaires) et qu'il fera avec celui-ci le *contrat* suivant (1) :

A... acheteur

B... (l'agent de change) vendeur :

de cent Métalliques,

au cours de 60 florins,

livrables et payables le 15 (ou fin) courant.

Fait en double à Bruxelles, le

(Signature.)

Voilà certes une convention licite réunissant toutes les conditions exigées, par le code civil et par le code de commerce, pour la validité du contrat. Voilà pourtant ce qui constitue le marché à terme qui a été si longtemps proscrit et qui, discuté parfois encore en France, ne fut réellement reconnu en Belgique qu'à dater de 1867 (2).

Ah! certes, nous pouvons nous féliciter de n'avoir pas à entreprendre, dans notre pays, une défense des marchés à terme et de n'avoir pas à nous débattre, comme c'est encore le cas ailleurs, contre les arrêts surannés de l'ancienne monarchie, ni

(1) C'est avec les agents de change que l'on traite, et leur rôle d'intermédiaire n'apparaît pas dans le marché. " Ils sont, en effet, respon- " sables de la livraison et du payement de ce qu'ils vendent ou " achètent. „ (Art. 67 de la loi.) Il en est différemment et leur responsabilité cesse " s'ils font connaître en contractant le nom de l'ache- " teur ou du vendeur à la personne avec laquelle ils contractent et que " celle-ci accepte le marché „. (Même article.)

(2) Voy. les travaux préparatoires de la loi du 30 décembre 1867 et du nouveau code pénal *suprà*.

contre les prescriptions inapplicables du vieux code pénal de 1810 (1). Les marchés à terme *sérieux* sont reconnus en Belgique et, comme on a pu le voir dans nos précédentes études, ils ont trouvé, dans deux occasions remarquables, lors de la discussion du code pénal et lors de la confection de la loi sur les bourses de commerce, d'énergiques et éloquents défenseurs dans les deux rapporteurs de ces lois.

Nous disons que les marchés à terme sérieux sont valables : il en est différemment des jeux de bourse.

Mais, encore une fois, qu'appelle-t-on jeux de bourse?

S'il faut en croire M. Bastiné, on doit considérer comme jeux de bourse ou paris prohibés par les articles 1965 et 1967 du code civil, « les conventions « par lesquelles les parties stipulent que le prétendu « vendeur ne sera pas obligé de livrer et le pré- « tendu acheteur ne sera pas tenu de prendre « livraison; qu'en cas de hausse à l'échéance du « terme, le premier ne devra payer que la diffé- « rence entre le prix convenu et le cours du jour,

---

(1) La plupart des partisans de la nullité des marchés à terme en France basent leurs arguments sur les arrêts de 1724, de 1785 et de 1786 (lesquels n'ont jamais eu force de loi en Belgique) ou bien sur les articles 421 et 422 du code pénal de 1810 (abrogés par notre code de 1867). Il est pourtant un auteur, M. Coffinière, qui soutient que cette nullité doit s'induire de la combinaison des articles 1108, 1138 et 1583 du Code civil. M. Guillard (p. 168 et suiv.) réfute victorieusement ce système qui n'a jamais été accueilli par nos tribunaux.

« et qu'en cas de baisse, il ne pourra réclamer éga-
« lement que cette différence (1) ».

Si cette définition de l'honorable professeur était exacte, notre tâche serait grandement simplifiée; nous pourrions même arrêter notre plume et terminer ici notre travail.

L'exception de jeu n'existerait plus en fait, car *jamais* les tribunaux n'ont à apprécier les stipulations dont parle M. Bastiné, jamais il n'arrive que les parties conviennent que la livraison des titres et le payement du prix n'auront pas lieu. *Toujours*, au contraire, le contrat se présente dans la forme que nous venons d'indiquer ou dans une forme analogue.

Adopter la définition de M. Bastiné, ce serait pourtant rentrer dans la légalité; car, en droit, le contrat dont nous avons énoncé les termes est irréprochable : il est expressément autorisé par les articles 1130, 1582 et 1583 du code civil, qui disent que l'on peut acheter des choses futures et que la vente est parfaite dès qu'on est convenu de l'objet et du prix.

Mais le juge ne s'arrête pas aux termes de cette convention.

L'article 1965 est là qui lui défend de sanctionner une dette de jeu. L'ordre public exige, croit-il, qu'il

(1) *Code de la Bourse,* p. 25.

scrute avec soin l'intention des parties, pour voir si derrière le contrat écrit il n'existe pas un pacte entaché de jeu.

Enquête difficile, presque impossible. Devant les juridictions criminelles, elle se comprend, elle est nécessaire.

Mais ici, dans cette enceinte de la justice civile, où l'on est habitué à respecter la convention écrite à l'égal de la loi, on déchire cette convention; on repousse même les livres qui sont produits et qui constatent, eux aussi, des achats et des ventes, et l'on déclare que ces livres et ces contrats ne sont que mensonges, parce qu'ils ne reflètent pas l'*intention* des parties.

Cet examen, on essaye de le justifier au moyen d'un article du code civil, qui dit que l'on doit, dans les conventions, rechercher quelle a été la commune intention des parties contractantes, plutôt que de s'arrêter au sens littéral des termes.

Mais l'article 1156, qui s'exprime ainsi, s'entend évidemment des conventions dans lesquelles l'intention des parties n'est pas formellement exprimée, dans lesquelles il peut y avoir de l'ambiguïté, tandis qu'ici, pour les marchés à terme, le doute n'est pas possible, car ils sont tous faits dans la forme que nous avons indiquée et ils portent tous sur un engagement réciproque d'acheter et de livrer des effets.

La jurisprudence allemande, placée devant une

législation semblable à celle que nos tribunaux invoquent, n'a pas voulu procéder à cette enquête sur l'intention des parties. Manifestement hostile à l'exception de jeu, elle a adopté la formule que M. Bastiné a cru pouvoir appliquer à la jurisprudence belge, et elle déclare « que l'on doit admettre « l'action de celui qui réclame le payement de diffé- « rences de bourse, dans tous les cas où le droit à « la levée ou à la livraison des titres n'a pas été « interdit par *contrat ou convention expresse. L'in-* « *tention* seule des parties n'affecte pas la validité « de l'engagement, et les achats et ventes faits à la « bourse tombent sous l'application de l'article du « code de commerce allemand, relatif à l'achat (1). »

Si notre cour suprême consacrait un principe identique, il deviendrait inutile de demander une réforme dans notre législation.

Il n'en est pas ainsi, et les tribunaux, nous venons de le dire, loin de s'arrêter à l'apparence du contrat, recherchent la commune intention des parties et disent : « Ce contrat que vous nous exhibez n'est pas réel; les titres qui doivent être achetés par vous, client, et livrés par vous, agent de change, ne seront l'objet d'aucune tradition réelle. Il s'agit ici d'un jeu, d'un pari sur la différence des cours, et

____

(1) Voy. arrêt de la cour suprême de commerce de Leipzig, du 4 juin 1872, et jugement du 16 février 1876 du tribunal de Francfort-sur Mein, cités dans BADON-PASCAL, p. 229 et 232.

quoique vous disiez par écrit avoir fait une vente et un achat de cent Métalliques livrables le 15 courant, il s'agit tout simplement de liquider l'opération par le payement de la différence qui existera entre le cours du jour où vous avez formé le pari et le cours qui existera au terme assigné par vous. Si les Métalliques ont haussé de valeur à ce moment, c'est l'acheteur (le client) qui profitera de cette différence ; si c'est la baisse qui survient, c'est l'agent de change, prenant la qualité de vendeur, qui gagnera. »

Tel est le langage que tient la jurisprudence actuelle.

Cette jurisprudence fait erreur, et l'on doit dire, au contraire, que, quelle que soit l'intention secrète du client ou de l'agent de change, toutes les opérations faites à la bourse, qu'elles se terminent ou non par le payement de différences, sont sérieuses, *aucune n'est fictive.*

Cela est bien évident pour celles qui aboutissent à une livraison et à une levée de titres, puisque c'est cette tradition qui est, pour les tribunaux, la marque distinctive du marché réel.

Mais cela est vrai aussi en ce qui concerne les opérations qui aboutissent à un payement de différences. Nous allons essayer de le prouver, en examinant de plus près le mécanisme des marchés à terme.

Ces marchés se liquident à jours fixes, avons-nous dit, de quinzaine en quinzaine. On comprend que cette liquidation présenterait des difficultés d'exécution considérables si elle s'effectuait tout entière d'une façon matérielle, c'est-à-dire si les agents de change se livraient les uns aux autres tous les titres vendus et se remettaient toutes les espèces qui en forment le prix.

Les marchés à terme bien plus nombreux que les opérations au comptant portent maintenant sur un chiffre immense de titres. Que d'employés ne faudrait-il pas pour transporter toutes ces valeurs? Que d'écritures à passer, que de formalités à remplir!...

Il y aurait là des lenteurs et des frais dont ne peut s'accommoder le monde expéditif des affaires.

Et, en effet, ces inconvénients sont écartés en grande partie, grâce à une institution ingénieuse qui, imitée du *Clearing-House* de Londres, porte en Belgique le nom de « Comité de liquidation » et « a « pour but de faciliter et d'effectuer régulièrement « les liquidations de quinzaine ».

Parmi les transactions qui se font à la bourse, il en est évidemment une grande quantité qui portent sur des titres de même espèce et qui se font en sens opposés. Tout achat a pour corrélatif une vente, mais ces ventes et ces achats se croisent et s'enchevêtrent au milieu des opérations multiples que font les différents agents : telle valeur est peut-être achetée et revendue cent fois, dans l'espace de la quinzaine, avant d'arriver à son acheteur définitif. Cependant tous les marchés ont le même terme d'exécution : va-t-on à ce moment procéder à une livraison effective des titres que se transmettront de l'un à l'autre les cent acheteurs? Non. Le comité intervient pour établir une sorte de compensation entre toutes ces opérations et, annulant celles qui se sont faites en sens contraire, il les ramène à un solde qu'il réclame à l'agent.

Voici, en quelques mots, d'après le règlement du 2 août 1882, le mécanisme de cette institution. Pour être admis à liquider par les soins du Comité, il suffit d'être agréé par celui-ci et d'adhérer au règlement du Comité : les banquiers aussi bien que les agents de change peuvent être agréés. Mais il est interdit de faire figurer sur les feuilles de liquidation d'autres noms que ceux des adhérents.

Ces feuilles, dont la formule est donnée par le Comité, doivent énumérer toutes les transactions effectuées pendant la quinzaine écoulée. Un côté est réservé aux titres à livrer et aux sommes à recevoir, c'est-à-dire aux ventes, l'autre côté aux titres à accepter et aux sommes à payer : aux achats.

Les feuilles doivent être exactement *pointées* la veille du jour fixé pour la liquidation, c'est-à-dire qu'à ce moment l'agent de change ou le banquier doit avoir vérifié, avec ses contre-parties, l'exactitude et le chiffre de toutes ses opérations. Il compense toutes celles qui se sont faites sur des titres identiques en sens opposé et met au bas de sa feuille les soldes à déposer ou à retirer en titres et en argent. La feuille doit être remise la veille de la liquidation et le dépôt des titres et espèces ou leur retrait doit se faire au jour fixé pour la liquidation.

Il est facile de concevoir que la plupart des opérations se liquideront par le payement d'une différence en titres ou en espèces. Le comité compense, en effet, jusqu'à due concurrence, mais l'excédent doit toujours lui être remis par l'agent ou par le banquier débiteur. Une erreur, un défaut de l'un des adhérents de fournir le solde qu'il doit a pour effet de vicier tous les calculs sur lesquels se base la liquidation. Celle-ci ressemble, à vrai dire, à ces jeux d'enfants formés d'un grand nombre de pièces qui toutes s'emboîtent exactement les unes dans les autres et qui doivent se rencontrer exactement pour que l'édifice soit parfait.

Aussi les conséquences sont-elles graves pour l'adhérent qui manque à ses obligations : « Lorsque « le dépôt d'une feuille n'aura pas été effectué à dix « heures du soir, de même que le dépôt des titres « et argent avant cinq heures, les jours respective- « ment fixés, ce retard peut être considéré comme « un aveu d'insolvabilité du retardataire, à moins « que ce dernier n'ait donné avis préalable et

« motivé au Conseil des directeurs, ou ne puisse
« justifier d'un cas de force majeure. Dans ce cas,
« tous les adhérents intéressés seront convoqués
« d'urgence et à bref délai pour régler la situation
« au mieux des intérêts communs.

« Les intéressés devront immédiatement redres-
« ser leur note, en fournissant un supplément
« annulant l'article inscrit au nom du défaillant
« dans la note primitive.

« Tout adhérent dont la déconfiture est notoire,
« est forclos du droit de liquider par le Comité. »

Ainsi, et c'est la conclusion que je veux tirer de
cet exposé, *tous* les agents de change, *tous* les banquiers dont le Comité liquide les opérations font
des opérations dites *sérieuses,* c'est-à-dire des opérations qui portent sur un achat ou une tradition
effective de titres. Aucun ne peut savoir à l'avance
si ces marchés aboutiront au payement d'une différence, et ils doivent être toujours prêts à les réaliser
en titres et cela, sous les peines les plus rigoureuses
qui puissent atteindre un homme d'affaires, sous les
peines de la déconfiture et de l'exclusion. Ce n'est
point devant le Comité que l'on peut invoquer le
jeu ou toute autre exception.

Que devient, dès lors, le criterium admis par la
jurisprudence, et quand dira-t on, en présence de
tous ces marchés qui s'exécutent par le même mécanisme, que les uns doivent, dans l'intention des

parties, se liquider par le payement d'une différence et les autres par une livraison de titres? Évidemment tous sont réels et doivent être réputés tels (1).

Le même raisonnement s'applique aux relations de client à agent! Il y a plus : c'est ici que l'on retrouve la compensation véritable, celle que le code a établie entre deux personnes débitrices l'une de l'autre, et qui s'opère *de plein droit par la seule force de la loi et même à l'insu des débiteurs* (art. 1289 et 1290).

---

(1) M. GUILLARD, auteur d'un travail très estimé sur les opérations de bourse, consacre de nombreuses pages à démontrer la légalité de la *liquidation centrale* établie à la Bourse de Paris, institution toute semblable à celle dont nous venons de parler. Il déclare que les règles du code civil relatives à la compensation sont parfaitement applicables ici et que le comité n'annule pas, à vrai dire, les opérations contraires, mais constate tout simplement cette annulation, ou plutôt cette compensation, laquelle *s'opère de plein droit par la seule force de la loi et même à l'insu des débiteurs* (art. 1290). Ce raisonnement, s'il devait s'appliquer à toutes les opérations liquidées par les soins du Comité, ne serait pas inattaquable, car l'on ne retrouve pas toujours l'une des conditions essentielles de la compensation, l'identité du créancier et du débiteur. Sans doute, il arrive que deux agents de change sont débiteurs l'un envers l'autre d'une quantité de titres semblables, mais le comité de liquidation ne réalise pas seulement ces marchés. Il liquide les opérations de tous, c'est-à-dire que si l'agent de change A a vendu 100 lots turcs à son collègue C, et acheté la même quantité de titres de son collègue D, le comité liquidera l'opération de A par zéro, bien que A ait traité avec deux personnes différentes. Mais nous n'avons pas à démontrer la légalité de la liquidation centrale, par la bonne raison que cette légalité n'est point mise en doute. Si nous nous trouvions dans un de ces cas nombreux, dont parle M. Bastiné, " où la loi civile est muette, „ l'importance de cette institution, les services qu'elle rend aux particuliers aussi bien qu'à la Bourse, la mettraient encore à l'abri de toute atteinte.

Il arrive très fréquemment, en effet, qu'un client donne un ordre de vente après un ordre d'achat, mais avant l'arrivée du terme de liquidation.

C'est ce qui se passe lorsque les titres haussent de valeur et que le client veut réaliser un bénéfice immédiat.

Il arrive aussi que le client donne, dans les mêmes conditions, un ordre d'achat après un ordre de vente.

Dans ces cas, les opérations contraires se compensent jusqu'à due concurrence et le client sera créancier ou débiteur de la différence. Il n'est pas moins vrai que l'achat et la vente ont porté sur une tradition réelle de titres.

C'est ce que constatait déjà le remarquable arrêt du 13 août 1839, que nous avons eu l'occasion de citer : " De ce qu'il y a dans des comptes de liqui-
" dation des articles provenant de différences, il ne
" résulte de ces mentions rien de contraire à la
" sincérité des opérations; en effet, les opérations
" sincères n'excluent pas la compensation et celle-
" ci, lorsqu'elle s'effectue sur des valeurs inégales,
" entraîne nécessairement des différences. "

Au surplus, pourquoi considérer isolément les relations de l'agent avec le client? La somme que réclame l'agent ne représente-t-elle pas le solde, le résultat d'opérations réelles, dont le système de compensation appliqué par le Comité de liquidation

fait seul jaillir les différences? Le jeu étant écarté
dans cette hypothèse, que reste-t-il? Il reste le seul
cas où l'exception de jeu devrait être accueillie,
celui où l'agent de change, dépouillant sa qualité
d'intermédiaire, sortant du parquet de la bourse,
fait avec un particulier, non plus des opérations de
courtage, mais *un pari à propos* de la différence
des cours. « Je parie que le cours de telle valeur
montera ou baissera d'autant. » Nous ne croyons pas
que cette hypothèse se soit jamais réalisée.

Nous pouvons donc nous résumer en disant que
le criterium choisi par la jurisprudence actuelle :
« l'intention de liquider l'opération par le payement
« d'une différence », ne peut point se vérifier en ce
qui concerne l'agent de change, et que s'il est vrai
que l'exception de jeu ne soit admissible qu'autant
que cette intention existe chez les *deux* parties,
l'on doit dire que cette exception n'est pas opposable à l'agent qui réclame le payement d'une
différence de bourse.

Il est bien d'autres hypothèses où l'on voit une
opération ayant originairement pour objet une tradition de titres se résoudre en payement de différences. Mentionnons seulement celle qui se présente
le plus fréquemment devant les tribunaux : lorsqu'un client reste en défaut de *lever* les titres qu'il
a fait acheter, l'agent de change a le droit d'abord
de revendre les titres pour le compte de l'acheteur,

et ensuite de réclamer à celui-ci le payement de la différence entre le prix d'achat et la somme qu'il a obtenue par la réalisation.

C'est cette différence qui représente exactement le dommage subi par l'agent de change, puisqu'il a dû payer à son propre vendeur le prix convenu et qu'il n'a reçu pour s'en couvrir que le montant de la revente.

Ce droit d'exécution est unanimement reconnu par les tribunaux. Le jeu n'est pas admis, dans cette hypothèse, parce que, comme le fait observer Troplong, « le payement de la différence n'a pas été « le but poursuivi par les parties ; il n'est qu'un « moyen accidentel de contrainte ; il n'est que la « conséquence de l'inexécution du marché, et il « serait illogique de caractériser ce marché par un « fait qui se produit à propos de son exécution ».

3° DES MARCHÉS A PRIME.

Nous avons parlé jusqu'à présent des marchés à terme ordinaires, que l'on appelle, dans le langage de la bourse, marchés *fermes* par opposition aux *marchés à prime*. Ceux-ci se distinguent des premiers en ce que l'acheteur s'y réserve le droit de résilier le marché moyennant l'abandon, à une époque déterminée d'avance, d'une somme convenue (*la prime*).

Cette époque, c'est, à Bruxelles, l'avant-veille du jour de liquidation. La déclaration que font, à ce moment, les acheteurs s'appelle la *réponse des primes*.

S'ils disent qu'ils maintiennent le marché, celui-ci redevient un marché à terme ordinaire et devra s'exécuter, comme tous les autres, à la liquidation; s'ils déclarent, au contraire, vouloir abandonner la prime, le marché est annulé.

Cette opération offre donc de grands avantages au spéculateur; celui-ci peut, moyennant un certain sacrifice, se dégager d'un contrat devenu onéreux. Je suppose que A désire acheter cent Métalliques livrables à la fin du mois, mais qu'il n'ait pas une foi bien robuste dans la hausse, ou qu'il veuille simplement s'assurer contre toutes les éventualités. Il fera un marché à prime, c'est-à-dire que, moyennant le versement immédiat de un, deux ou trois pour cent du prix d'achat, il se réservera le droit de renoncer à l'opération au moment de la réponse des primes. Si la baisse est survenue à cette époque, et si A s'expose, en prenant livraison, à subir une perte supérieure au total de la prime, il se prononcera pour la résolution de l'achat.

Le montant de la prime varie suivant les circonstances : lorsque la bourse est troublée, lorsqu'elle se trouve, par exemple, sous l'influence d'une crise financière ou politique, les acheteurs à terme, inquiets de l'avenir, sont désireux d'obtenir la faculté de dédit, les vendeurs, au contraire, ne l'accordent que s'ils reçoivent de fortes arrhes ; la loi de l'offre et de la demande s'établit ainsi avec ses résultats ordinaires, et les primes atteignent des chiffres élevés.

On a souvent contesté la validité des marchés à prime, et un auteur, M. Bozérian, les a vivement attaqués en se basant principalement sur ce qu'ils consacrent au profit de l'acheteur l'existence d'une véritable condition potestative. « En effet, dit-il, « l'acheteur peut donner suite au marché ou y renoncer suivant son caprice (1). »

Mais M. Bozérian oublie, en parlant ainsi, que l'acheteur ne peut suivre son *caprice* qu'en subissant un certain dommage matériel par l'abandon de la prime et qu'ainsi le marché ne dépend pas d'une condition purement potestative, suivant le sens que les auteurs reconnaissent à ces termes. Il y a plutôt dans le marché à prime une véritable clause pénale, au payement de laquelle l'acheteur s'oblige pour le cas où il n'exécuterait pas son obligation principale (2). Un arrêt de la cour de Paris, rendu le 24 avril 1877, déclare que le marché à prime n'im-

(1) *Bourses de commerce*, t. 1er. no 304.

(2) Voy., sur cette controverse, les dissertations de GUILLARD, p. 258 et suiv., et d'AMBROISE RENDU (*Le Jeu et les Opérations de bourse*, p. 432 et suiv.

plique pas nécessairement par lui-même la présomption ou la preuve du jeu. « Le marché est valable, ajoute l'arrêt, s'il a été conclu par les parties, ou par l'une d'elles seulement, dans une pensée sérieuse d'exécution.

« Pour que l'exception de jeu soit admise, il faut qu'il soit établi que l'agent de change a entendu prêter son ministère à des opérations devant se liquider par des différences. »

Cette jurisprudence est conforme à celle de nos cours. Devant celles-ci, le sort de ces opérations a toujours été lié à celui des marchés à terme ordinaires, et on les a annulées ou validées suivant qu'elles présentaient ou non les caractères du jeu de bourse (1).

4° DU REPORT.

« Cette opération, à laquelle ne se prête point le mode de calculer les intérêts de nos fonds, peut un jour s'introduire chez nous; elle n'a rien d'aléatoire; elle est un mode de prêter dont on vante les avantages (2). »

(1) Voy. notamment un arrêt de Gand du 17 novembre 1854 (*Belg. jud.*, 1855, p. 326); voy. aussi les travaux de la commission parlementaire sur la loi de 1867, dans les *Documents parlementaires*, session 1864-1865, p. 508.

(2) *Rapport de* M. PIRMEZ, cité par NYPELS, *Comm. législ. du code pénal*, t. II, p. 567.

C'est en 1858 que M. Pirmez s'exprimait ainsi.

Depuis, les faits ont bien dépassé les prévisions de cet homme d'État.

Non seulement les reports sont pratiqués sur une vaste échelle dans toutes les bourses du pays, non seulement ils ont pris une importance telle que l'on a pu dire avec raison du report qu'il était « la clef de la bourse », mais nous avons vu même se former, dans ces dernières années, des sociétés importantes ayant uniquement pour objet de faciliter aux particuliers l'accès de ces opérations.

La légalité du report n'est donc plus mise en doute aujourd'hui, mais il en a été différemment dans le passé. Comme toutes les autres opérations de bourse, il a eu une peine extrême à se faire reconnaître par la jurisprudence. Chassé d'abord du cercle des contrats honnêtes, parce qu'on le considérait comme un jeu de bourse (1), il fit sentir avec tant d'insistance son importance et son utilité, qu'on dut l'examiner de plus près et que l'on rechercha dans quelle catégorie de conventions licites on pourrait bien le ranger.

Cet examen révéla en lui des éléments fort étranges, et l'embarras de ceux qui voulaient déterminer ses caractères juridiques ne fit qu'augmenter. Cependant il ne s'agissait plus de le faire dispa-

____

(1) Jurisprudence française, antérieure à 1850.

raître. Déjà un parère célèbre, signé des plus grands noms de la finance et de l'économie politique, avait protesté contre les arrêts hostiles aux reports et avait affirmé le rôle considérable et bienfaisant qu'ils jouent dans la vie commerciale.

« Les reports, disait ce parère, donnent aux « porteurs de valeurs mobilières un moyen cer- « tain, expéditif et peu onéreux de se procurer aus- « sitôt qu'ils le veulent les fonds dont ils ont besoin, « en donnant pour garantie ces mêmes valeurs; « d'un autre côté, les capitalistes y trouvent le « moyen de placer leurs fonds pour aussi peu de « temps qu'ils le veulent, avec la certitude d'y ren- « trer à volonté. Ainsi, d'un côté, les valeurs mobi- « lières deviennent un véritable signe représentatif « et augmentent la masse des capitaux et, de l'autre « côté, tous les capitaux inactifs trouvent un em- « ploi d'autant et d'aussi peu de durée qu'il convient « à leurs possesseurs. »

Plus puissante encore que les parères et les dissertations, la pratique des affaires montrait les reports se multipliant chaque jour, rendant les transactions plus faciles et donnant aux effets publics la mobilité dont ils ont besoin.

Il intervint, il est vrai, quelques décisions déclarant encore la nullité des reports; il y eut un avocat général, M. Barbier, qui prononça, en 1851, contre eux un réquisitoire violent, dans lequel M. Ambroise Rendu déclare trouver plus de passion que d'idées juridiques. Mais la cause des reports sérieux, c'est-à-dire des reports effectués sur titres, ne tarda pas néanmoins à triompher, et les auteurs se mirent définitivement à chercher à lui adapter la forme de l'un des contrats reconnus par le code.

Mais alors la controverse continua, changeant de caractère, et si l'on ne discuta plus sur la validité de l'opération, on se disputa fort sur sa nature. L'opération était-elle une ou double? Était-ce une vente ou un prêt avec nantissement? un pacte de réméré ou peut-être un mohatra?

M. Bastiné fait remarquer très justement que l'on aurait pu s'épargner toutes ces discussions. « Le jurisconsulte, dit-il, se trouve, pour ce contrat « tout moderne et non encore baptisé par la loi, dans « la position où les hommes de loi et les magistrats « se sont trouvés pour les différentes combinaisons « imaginées par les commerçants et pratiquées en « l'absence de toute loi positive et spéciale. » Le savant auteur conclut que le report est un contrat *sui generis*, renfermant toujours un marché au comptant combiné avec un marché à terme. Cette définition est celle que la jurisprudence belge paraît avoir consacrée (1).

(1) Voy., notamment, Gand, 28 juillet 1871 (*Belg. jud.*, 1871, p. 1448) et l'arrêt de la cour de cassation du 26 juillet 1872 (*Belg. jud.*, 1872, p. 1201, et Pasic.. 1872, I, 452) avec le réquisitoire de M. l'avocat général Mesdach de ter Kiele.

Qu'est-ce donc que le *report* et comment se manifeste-t-il dans la pratique?

Ce mot a différentes significations et représente des opérations multiples. Nous ne parlerons que des deux combinaisons qui sont le plus usitées.

A.

Une personne désire utiliser pour un temps assez court des fonds improductifs et les faire fructifier au moyen d'un placement qui lui donne des garanties complètes. Le report réalise toutes les conditions qu'elle recherche : sécurité, caractère momentané du placement, loyer rémunérateur du capital. Ce capitaliste, qui deviendra le reporteur, s'adressera en effet à une personne qui se trouve dans une situation opposée : celle-ci a besoin d'argent et est disposée à céder momentanément des valeurs mobilières en gage, pourvu qu'elle soit certaine d'en recouvrer la possession dans un temps donné. Elle livrera ses titres en report au capitaliste, c'est-à-dire qu'elle les lui vendra au comptant et les rachètera immédiatement à terme.

La vente au comptant réalise le premier but des parties, puisque l'une d'elles reçoit les titres en toute propriété et que l'autre touche le prix dont elle a besoin.

La rétrocession à terme réalise l'autre fin qu'elles

se proposaient, puisque le reporté, celui qui a dû abandonner ses titres, redevient possesseur de ceux-ci au terme convenu, et qu'à ce moment le reporteur reçoit de nouveau la somme qu'il a consenti à avancer.

Mais, dira-t-on, quel est l'avantage du reporteur, quel loyer touche-t-il pour le prêt de l'argent dont il se dessaisit pendant le temps qui s'écoule entre les deux marchés. Cet avantage, ce loyer, que l'on appelle aussi *report*, consiste dans le prix plus élevé qui est convenu pour la rétrocession à terme ou bien dans un intérêt convenu entre les parties.

Ainsi je suppose que A désire emprunter 10,000 fr. sur certains titres. Il vendra ceux-ci au comptant à B moyennant le prix de 10,000 francs, et B lui revendra immédiatement ces titres livrables et payables à la fin du mois, pour le prix de 10,050 fr. Dans cet exemple, les 50 francs formeront le bénéfice du reporteur B, l'intérêt qu'il recevra pour le prêt de son capital. Il arrive aussi que A et B conviennent que la rétrocession se fera au prix de 10,000 francs, mais que A payera en outre 5 p. c. d'intérêt.

Il est aisé de comprendre que cet intérêt ou que le prix de rachat à terme sera plus ou moins élevé selon que les capitaux seront plus ou moins abondants, et aussi selon que les titres donnés en gage seront plus ou moins sujets à dépréciation (1); mais du moment que le reporteur reçoit un loyer pour le prêt de son argent, il y a toujours report. Il y a *déport*, au contraire, lorsque, l'argent étant abondant, ce sont les titres qui sont rares et que l'on cherche à emprunter. Dans ce cas, le prix stipulé pour l'achat au comptant sera plus élevé que celui dont on convient pour la revente à terme. La dernière crise financière nous a offert maints exemples de déport. Certains spéculateurs avaient vendu en grande quantité des titres qu'ils ne possédaient pas, croyant à la baisse qui leur aurait permis de les racheter plus bas. C'est le contraire qui se produisit, et les spéculateurs durent emprunter les titres qu'ils avaient à livrer à leurs acheteurs, et payer très cher le loyer de ce prêt ou *déport*.

Le report, comme on le voit, ressemble fort à un prêt avec nantissement, mais il en diffère aussi par plusieurs côtés et présente sur ce dernier, au point de vue commercial, des avantages incontestables.

---

(1) Celui qui prête sur un titre dont les variations sont presque nulles et dont, par suite, le gage ne court aucun risque de se déprécier, exigera un intérêt bien moindre que celui qui, prêtant sur un titre soumis à de grandes fluctuations, sera exposé, l'échéance venue, si l'emprunteur ne le paye pas et si les intermédiaires qui le garantissent font faillite, ainsi que le fait s'est récemment produit à Lyon, à éprouver une moins-value considérable sur son gage. C'est ce qui fait que dans les derniers mois de 1881, les reports sur l'*Union générale* avaient atteint, à Lyon, l'action valant 2,500 francs, dont 125 francs versés, le chiffre énorme de 150 francs par quinzaine. (Rapport de M. Naquet, p. 25.)

D'abord, et c'est ce qui a dû donner naissance au report, il est affranchi des formalités longues et coûteuses du nantissement civil; il est même plus simple et plus rapide que le gage commercial réglementé par la loi belge du 5 mai 1872, puisque l'article 4 de cette loi prescrit une procédure à employer dans le cas où l'emprunteur reste en défaut d'exécuter ses obligations. Or, dans le report, rien de pareil. Le reporteur (le prêteur sur titres) devient propriétaire des titres par l'effet de l'achat au comptant, mais il est aussi vendeur à terme, par la seconde opération.

Si l'autre partie (le reporté) ne prend pas livraison à l'échéance du terme, le reporteur se trouve dans la position d'un vendeur à terme d'effets mobiliers, c'est-à-dire qu'il peut à son gré considérer le contrat comme résolu et qu'il est affranchi de l'obligation de livrer (art. 1657 du code civil) ou bien exécuter l'acheteur (le reporté), c'est-à-dire disposer des titres au cours du jour et lui réclamer la différence.

La réalisation des titres donnés en report est donc beaucoup plus rapide que ne le serait celle d'un gage commercial ou d'un nantissement.

Ce n'est pas seulement dans l'exécution des deux espèces de contrats que les dissemblances sont sensibles; en premier lieu, dans le report, la chose qui est l'objet de l'achat au comptant est une chose certaine et déterminée. La propriété de cette dernière est transférée par le consentement et la tradition; l'acheteur peut librement en disposer; comme vendeur, il peut livrer toute autre chose, pourvu qu'elle soit de même nature et qualité.

Dans le prêt avec nantissement, le créancier reçoit seulement la possession précaire du gage; la propriété est conservée par l'emprunteur. Il ne s'agit pas de choses fongibles; le créancier est obligé de rendre les titres mêmes qui lui ont été remis. Il en résulte que le créancier n'a pas le droit d'aliéner; la perte des titres, leur dépréciation sont pour le compte de l'emprunteur, à moins qu'elles ne proviennent d'une faute imputable au possesseur. Si, pendant la constitution du gage, il y a des dividendes, intérêts, primes, etc., acquis aux titres par suite de tirage au sort ou d'autres circonstances, le possesseur en doit compte à l'emprunteur; le créancier gagiste n'a d'autres droits que ceux qui lui sont conférés par l'article 3 de la loi du 5 mai 1872 et par les articles 2080 et 2081 du code civil.

Dans le report proprement dit, dès la livraison et même dès le consentement des parties, celui qui a acheté les titres au comptant a tous les avantages et supporte tous les risques de la propriété; le droit aux primes, dividendes, etc., lui est acquis (1).

____

(1) BASTINÉ. p. 133.

Si, par exemple, il se fait, pendant le report, une émission d'actions ou d'obligations pour laquelle un droit de préférence est réservé aux propriétaires des titres donnés en report, ce sera le reporteur qui sera appelé à profiter de ce droit (1).

Il est une question assez délicate qui a été tranchée par un arrêt célèbre de la cour de Paris, c'est celle de savoir si le reporteur peut être admis dans une assemblée d'actionnaires en vertu des titres qui sont entre ses mains.

La cour, invoquant les règles strictes du droit, se décide pour l'affirmative. « Il est vrai, ajoute-t-elle, que, suivant l'usage le plus ordinaire de la bourse, les titres livrés par le reporteur sont les mêmes que ceux qui lui avaient été primitivement vendus ; que le reporteur n'a eu alors de ces titres qu'une propriété momentanée et qu'il peut paraître excessif

(1) Dans une étude, qu'il a publiée en 1877, sur la législation belge (*Journal de droit international privé*, p. 307 et 400), M. Guillard critique l'opinion de M. Bastiné, lequel déclare que « sauf accord spécial « entre parties, le *prêteur*, simple détenteur des titres, ne peut, en « aucun cas, faire usage de ces titres pour profiter des souscriptions ; « il doit avoir le consentement de l'emprunteur ou du propriétaire qui « a engagé les titres ». M. Guillard oppose à cette opinion le texte de l'article 3 de la loi du 5 mai 1872. « Si le gage consiste en effets de com- « merce, le créancier gagiste exerce les droits et est soumis aux devoirs « du porteur. » Il nous semble que le savant professeur suisse se trompe sur l'interprétation de cet article, qui signifie tout simplement que le créancier, nanti de lettres de change ou billets à ordre, doit prendre toutes les mesures qui peuvent conserver le gage (recours contre les endosseurs dans le délai voulu, etc.). Le texte que nous venons de rappeler emploie les mêmes termes que ceux qui forment l'intitulé du § 11 de la loi du 20 mai 1872. Nous croyons donc que le consentement de l'emprunteur est nécessaire.

que des reporteurs, possédant des titres d'actions qui ne font que passer entre leurs mains, y trouvent le moyen d'influencer les délibérations d'une assemblée d'actionnaires dans une société à laquelle aucun intérêt sérieux ne les rattache ; *mais telle est la conséquence absolue du droit de propriété* (1). »

On comprend, à raison des conséquences si diverses qu'entraînent ces différents contrats, combien il importe de vérifier ce que les parties ont voulu faire : s'il s'agit d'un report ou d'un nantissement ou même de toute autre convention (2).

La jurisprudence belge distingue trois hypothèses et, fort juridiquement, donne des solutions différentes selon chacune :

1° Le report (et c'est le cas le plus usité à la bourse) a transféré une pleine propriété au reporteur, sous obligation de livrer, à l'arrivée du terme et contre payement du prix, des quantités égales de

---

(1) Arrêt du 19 avril 1875.

(2) Certaines sociétés de reports font avec leurs clients le contrat suivant :

« A (le client) reconnaît avoir reçu de la société B, à titre de prêt, la somme de . . . remboursable le . . . avec intérêt à . . .

« Le remboursement du capital emprunté doit avoir lieu, sauf prorogation, le jour même de l'échéance. A défaut de remboursement, les sommes dues seront passibles d'un intérêt moratoire de . . . centimes par mille francs pour chaque jour de retard. Ce prêt s'est effectué sur dépôt à titre de gage des valeurs suivantes : . . . valeurs qui ont été remises à la société et dont les numéros sont inscrits sur ses livres. » C'est là évidemment la formule du prêt avec nantissement et, à défaut de remboursement, la société ne peut réaliser les titres qu'en se conformant aux règles tracées par la loi du 5 mai 1872.

titres semblables (mais non de titres identiques, non de titres numérotés). C'est une double vente dont nous avons vu les conséquences (1);

2° Le report a bien transféré au reporteur la propriété des titres, mais sous obligation de rétrocéder *identiquement* les mêmes valeurs, à l'expiration du terme : c'est alors une vente à réméré (2);

3° Le report est fictif; aucune propriété, même temporaire, n'a passé sur la tête du prétendu reporteur; les titres ont été individualisés par la constatation des numéros et doivent être restitués identiquement : ce n'est plus qu'un prêt d'argent avec nantissement (3).

B.

Nous venons d'examiner l'une des combinaisons qui portent le nom de *report* ; aucun doute ne peut exister sur sa légalité, et personne ne peut la taxer de jeu; elle s'applique à une tradition réelle de titres et la *différence* entre les prix d'achat et de vente

(1) Deux arrêts de Gand, 13 mars 1873 (*Belg. jud.*, 1873, p. 660 et 537).

(2) Gand, 28 juillet 1871 (*Belg. jud.*, 1871, p. 1448); cass., 26 juillet 1872 (*Belg. jud.*, 1872, p. 1201); Gand, 13 mars 1873, cité.

(3) Gand, 4 mai 1871 (*Belg. jud.*, 1871, p. 1010), et GUILLARD, *loc. cit.*, p. 335. La jurisprudence belge a examiné avec un grand soin les caractères juridiques et économiques du report. On lira aussi avec intérêt l'exposé de ces caractères dans deux arrêts de la cour de cassation de Rome (toutes chambres réunies). L'analyse de ces arrêts, rendus tous deux le 21 février 1877, se trouve dans le *Journ. de droit intern. privé*, t. IV, p. 452.

représente le juste loyer qui est dû pour le prêt du capital. Sans doute, cette opération paraît singulière et rentre difficilement dans le cadre des contrats prévus par le code civil ; mais ce n'est point là un motif pour refuser de la reconnaître en justice.

Comme·le disait justement M. l'avocat général Mesdach de ter Kiele : « Elle est exceptionnelle et « insolite cette clause d'un transfert de propriété « pour un terme déterminé ; mais pour être extraor- « dinaire, elle n'en est pas moins possible et licite. »

Il est une autre opération qui porte également le nom de report et qui consiste simplement à continuer, à reporter un marché au delà du terme primitivement fixé. Cette opération n'offre aucune difficulté lorsque les deux parties sont d'accord. Le contrat originaire subsiste, son exécution seule est différée. Le contrat sera donc apprécié d'après les éléments que nous avons relevés pour le marché à terme ordinaire.

D'autres hypothèses toutefois peuvent se présenter ; ainsi je suppose que A ait acheté cent Métalliques au prix de 60 à fin courant. A a fait cet achat, supposant que la hausse va se produire, et c'est, au contraire, la baisse qui survient.

Si A possède les fonds suffisants, il prendra livraison des titres et attendra des jours meilleurs ; son opération sera liquidée.

Mais si A ne dispose pas de la somme nécessaire à la prise de la livraison, deux cas pourront encore se présenter : ou bien le vendeur consent à reculer le marché d'une liquidation : dans cette hypothèse, le contrat restera ce qu'il était, l'exécution seule étant reculée; ou bien le vendeur refuse de continuer l'opération : dans ce second cas, A devra prendre livraison des titres, à peine de se voir exécuter. Mais nous avons supposé qu'il ne possède pas les ressources nécessaires pour payer le prix. Il trouvera ces ressources en revendant les titres achetés et en suppléant de sa bourse la différence entre le prix qu'il obtient par cette vente et la somme qu'il doit débourser. Son opération sera ainsi terminée. S'il veut pourtant continuer cette opération dans l'espoir que la hausse finira par se produire, il devra recourir au report, c'est-à-dire qu'il ira trouver un capitaliste et fera avec lui l'opération que nous avons énoncée plus haut : vente au comptant et simultanément rachat à terme; la vente lui permettra de payer son propre vendeur (avec la différence qu'il doit suppléer, puisque nous supposons que la valeur des titres a baissé) et le rachat lui procurera de nouveau la possession des titres au terme fixé. Ce nouveau terme arrivé, toutes les hypothèses que nous avons énumérées se présenteront de nouveau, avec cette double chance en plus, pour A, que la hausse se produise et qu'il puisse ainsi réaliser les titres avec bénéfice, ou bien qu'il soit à même, à ce moment, de prendre livraison des titres (de les *lever*, en langage de bourse), au moyen de ressources dont il ne disposait pas auparavant et qu'il aura pu acquérir dans l'intervalle.

Sous ces différentes manifestations, le report a été, après bien des efforts, reconnu licite par la jurisprudence. Il n'est proscrit que lorsque le juge y saisit l'élément qui est pour lui la marque du jeu : l'intention de réaliser, dans tous les cas, l'opération par le payement d'une différence (1).

Le report est donc soumis aux mêmes règles, gouverné par les mêmes lois que le marché à terme dont il n'est qu'une variété, et les arguments que nous avons présentés en faveur de celui-ci peuvent s'appliquer avec la même force à celui-là.

IV

LÉGISLATION COMPARÉE.

Nous approchons de la conclusion de cette étude, mais il convient, avant de terminer, de citer les législations étrangères. Celles-ci contiennent toujours un enseignement précieux ; elles sont surtout

(1) Voy. l'arrêt cité de la cour de cassation, du 26 juillet 1872.

instructives dans cette matière des titres au porteur.

Nous voyons, en effet, se vérifier, à propos des
choses de la bourse, la prédiction de l'un des auteurs
du code civil : « Les lois, disait Portalis, demeurent
« telles qu'elles sont écrites; mais les hommes, au
« contraire, ne se reposent jamais, ils agissent tou-
« jours. »

Nulle part, nous l'avons vu, cette activité ne s'est
montrée plus grande et plus puissante que dans la
vie financière. Dans tous les pays civilisés, les
forces humaines, nourries par le capital, décuplées
par la science, ont réalisé les entreprises les plus
grandioses. Toutes ces entreprises, représentées,
mobilisées, peut-on dire, par des titres au porteur,
sont livrées à la bourse, qui les féconde et les vivifie
par le mouvement qu'elle leur donne et par le bruit
qu'elle crée autour d'elles; il se fait, par suite, des
transactions nombreuses qui n'ont pour origine et
pour justification que la nécessité du moment. De
là des combinaisons nouvelles, que les jurisconsultes
essayent vainement de faire rentrer dans le cadre
d'une loi qui ne les a pas connues et qui n'a pas été
faite pour elles. Il y a réellement un droit nouveau
à créer, et c'est ce que plusieurs législateurs ont
compris. Jetons un regard sur leur œuvre; exami-
nons-la avec d'autant plus d'intérêt que nous trouverons peut-être parmi les formules qu'ils ont adop-

tées celle qui contiendra la réforme que notre pays ne peut tarder à réaliser.

Autriche.

Ce pays a vu éclater, en 1873 et en 1874, des désastres financiers pareils à ceux qui se sont produits récemment à Paris et à Bruxelles. Là, comme aujourd'hui en France et en Belgique, l'opinion publique se prononça énergiquement en faveur de la suppression de l'exception de jeu. Après une enquête réfléchie, les Chambres législatives se décidèrent à consacrer cette réforme par la loi du 1er avril 1875.

Voici les articles de cette loi qui concernent notre matière (1) :

ART. 5. — Sont privés du droit d'entrée à la bourse :

§ 4. Les personnes qui n'ont pas exécuté les obligations résultant pour elles d'opérations de bourse, et ce tant qu'elles ne les ont pas exécutées.

ART. 12. — Sont considérées comme opérations de bourse les opérations faites dans le local public de la bourse, conformément à l'article 3 (2), sur des valeurs qui peuvent être négociées et cotées.

ART. 13. — Dans les procès relatifs à des opérations de bourse telles qu'elles viennent d'être déterminées, *l'exception tirée de ce que la demande est fondée sur une opération de différence constituant un jeu ou un pari n'est pas admissible.*

ART. 14. — Les opérations de bourse sont des actes de commerce.

(1) Nous les trouvons dans l'ouvrage de M. BADON-PASCAL, p. 226.

(2) Article 3. La direction de la bourse fixe les règles concernant les affaires de bourse dans les limites légales; elle détermine notamment l'heure où la bourse se tient; elle prend soin des affaires économiques de la bourse, et prend toutes les mesures dont elle est chargée pour que

D'après les renseignements communiqués à la commission française instituée par le garde des sceaux pour l'examen des affaires à terme, ces dispositions de la loi autrichienne ont eu des résultats satisfaisants : le nombre des spéculateurs n'a peut-être pas diminué depuis 1875, mais on est parvenu, en reconnaissant comme obligatoires toutes les conventions faites en bourse, à exclure, particulièrement de la bourse de Vienne, un certain nombre de spéculateurs malhonnêtes.

Allemagne.

Le code de commerce allemand, déjà ancien, ne contient aucune clause spéciale aux marchés différentiels; mais la jurisprudence, nous l'avons vu, n'admet l'exception de jeu que si les parties ont déclaré, au moment du contrat *et par convention expresse,* que les titres ne seront pas livrés et que l'opération devra se résoudre, dans tous les cas, par le payement d'une différence.

C'est ce que décident notamment un arrêt rendu, le 4 juin 1872, par la cour suprême de Leipzig et un jugement, en date du 16 février 1876, du tribunal urbain de Francfort-sur-Mein.

---

la bourse atteigne son but. La direction de la bourse doit tenir la main à l'observation des statuts et répond spécialement du maintien de la tranquillité et de l'ordre à la bourse; elle a le droit de prendre les mesures de police nécessaires dans ce but.

« Il est vrai, dit la première décision, qu'une transaction ayant en vue une livraison de marchandises perdra son caractère réel si un des contractants ou tous les deux ont l'intention de ne pas livrer les valeurs à l'échéance et de recevoir ou de payer une différence. Mais tant que cette pensée demeure une intention non exprimée, elle n'est pas pertinente, parce qu'un des contractants peut réclamer la livraison effective au moment de l'échéance.

« Mais il en est tout autrement *si cette intention a été exprimée en concluant le marché et s'il a été convenu que les valeurs ne seraient jamais livrées.* S'il s'agit uniquement de la différence des cours, ce n'est plus un contrat de vente, c'est une « affaire de différences pures », déguisée sous les apparences d'une vente avec livraison. Elle fait partie des conventions de jeu et ne doit pas être payée, d'après les principes établis par l'article 357 du code de commerce, pour les marchés à livraison. »

On le voit, la jurisprudence allemande se montre beaucoup plus sévère que la nôtre pour le défendeur qui oppose l'exception de jeu (1).

____

(1) Des renseignements que nous avons reçus de Francfort, il résulte que les spéculateurs y sont fréquemment poursuivis en payement de différences de bourse. Jamais l'exception de jeu n'est admise.

Angleterre.

Les partisans de notre opinion citent fort souvent l'Angleterre qui, disent-ils, a supprimé l'exception de jeu. Cela n'est pas tout à fait exact. Le Stock-Exchange, qui est, comme on le sait, une corporation libre de banquiers et de courtiers faisant l'échange des valeurs industrielles et des papiers de commerce, le Stock-Exchange a bien demandé, en 1867, lors de l'enquête économique faite dans ce pays, que tous les marchés à terme fussent reconnus comme engagements sérieux, mais cette pétition n'a jamais été suivie d'effet. Il ne s'agissait, du reste, que des relations pouvant exister entre les membres du Stock-Exchange et leurs clients. A la bourse même, et entre les *brokers* et les *jobbers*, les différences doivent toujours être payées de quinzaine en quinzaine, sinon le défaillant est exclu de la corporation.

En ce qui concerne les relations d'agent à client, il est fort intéressant de considérer ce qui se passe en Angleterre, parce que celle-ci possède une législation à peu près identique à la nôtre.

Un statut, rendu en 1845, déclare *nuls tous contrats verbaux ou écrits fondés sur le jeu ou le pari et refuse au gagnant toute action en justice.*

Plusieurs fois les cours anglaises ont été appelées à décider si ce statut s'applique aux opérations

de bourse et dans quelle mesure (1). Nous citerons
l'espèce la plus connue et aussi la plus récente : on
verra que, même au point de vue de notre droit,
elle mérite d'être recueillie.

Le demandeur était un *broker* ou agent de
change, qui avait fait différentes opérations à la
bourse pour le compte du défendeur. *A la connaissance du broker*, son client n'avait jamais entendu accepter les titres achetés pour lui, ni livrer
les titres vendus; mais il voulait que le *broker*
s'arrangeât de telle sorte qu'il n'y eût que des différences à payer ou à recevoir; le *broker* savait
également que les opérations qu'il faisait pour
compte de son mandant dépassaient les ressources
de celui-ci.

Le client opposa l'exception du jeu.

Le juge de première instance commença par rappeler ces différentes circonstances et par établir que
le client n'ignorait pas que, pour exécuter ses ordres, l'agent de change avait dû passer avec ses collègues des contrats d'achat et de vente, suivis de
reventes et de rachats.

Ces faits constatés, le juge déclara que les marchés à terme ne sont frappés par le statut de 1845
que s'ils sont véritablement des jeux et paris, c'est-
à-dire si deux parties conviennent de payer et de

(1) The Law and Customs of the London Stock-Exchange, by
Melscheimer et Laurence, p. 20 et suiv.

recevoir réciproquement la différence qui pourra
exister entre les prix de valeurs cotées à différentes
époques. Il n'en est pas de même, ajouta Sa Sei-
gneurie, lorsqu'il y a, comme dans l'espèce, une
exécution réelle des ordres donnés, et des achats et
ventes pratiqués effectivement. « En effet, le de-
« mandeur a exécuté ses instructions, qui étaient
« d'acheter et de vendre à la bourse, et a dû traiter
« avec ses collègues ; sans doute, son but est repré-
« hensible au point de vue de la morale, mais on
« ne peut pas dire qu'il ait joué, suivant les termes
« du statut. »

L'affaire fut portée devant la cour d'appel et là,
suivant l'habitude anglaise, chacun des trois magistrats donna son avis à haute voix.

Le premier insista sur ce point que le *broker* avait
fait des opérations réelles avec ses collègues ; sans
doute, il avait reçu pour instruction de liquider ses
marchés par des différences, mais le client n'ignorait pas que si ces différences pouvaient dépasser
ses prévisions, son mandataire *en était, en tout cas,
tenu vis-à-vis de ses contre-parties.*

« Ce qu'il y a de certain, c'est que le client pouvait
changer d'avis et qu'il pouvait, au lieu d'ordonner
une revente, demander à son agent la livraison des
titres achetés, puisque ces titres existaient réellement. Cela exclut nécessairement toute idée de jeu
ou de pari. D'ailleurs le *broker* n'est pas, comme

dans le jeu ou pari, une contre-partie qui a un intérêt personnel au marché. Il est tout simplement un intermédiaire, et il lui importe peu que les titres haussent ou baissent de valeur, pourvu qu'il touche son courtage. »

« Il peut être regrettable, ajouta le juge, que l'on joue à la bourse, mais nous n'avons pas à considérer ce point. Je ne suis pas sûr d'ailleurs que l'on doive souhaiter de voir le jeu tout à fait proscrit de la bourse, car le jeu est lié de bien près à la spéculation, et c'est à celle-ci que nous devons de posséder tant de chemins de fer et d'autres industries utiles. Au surplus, condamner le défendeur, c'est atteindre sûrement les opérations irrégulières. »

Un autre juge, M. Cotton, définit de plus près encore la différence qu'il remarquait entre les opérations critiquées et le jeu : « L'essence du jeu et du pari, dit-il, c'est qu'une partie doit gagner, l'autre perdre, à propos d'un événement futur et incertain ; si cet événement arrive, elle gagnera ; sinon, elle perdra. Ce n'est pas ce qui se passe dans cette cause. Le *broker* n'avait aucun gain à retirer du marché ; son seul bénéfice consistait dans les courtages qu'il devait recevoir, quel que fût le résultat des opérations pour son commettant. Ainsi l'élément essentiel du jeu ou du pari fait défaut. On nous a cité une décision qui semble contraire : mais, dans cette espèce, il n'y a jamais eu un achat ou une vente faite à la bourse, mais seulement un pari entre deux personnes *à propos* de la baisse ou de la hausse des cours (1) ».

Cette décision, nous pouvons le dire, fortifie singulièrement le système dont nous nous sommes fait le défenseur. Placée en face d'une loi semblable à la nôtre, la cour anglaise déclare que l'on ne peut assimiler au jeu les marchés à terme, même ceux qui n'ont pour objet qu'une spéculation sur différences. Il suffit que le *broker* exécute les ordres de son client, qu'il achète et qu'il vende réellement, pour qu'il soit en droit de réclamer la différence en perte que peuvent laisser ces opérations, et cela, quelle que soit la fin que les parties ont poursuivie, quelle qu'ait été leur intention commune.

« L'élément essentiel du jeu, disent les juges anglais, le gain aléatoire pour l'une ou l'autre partie, n'existe pas dans les marchés à terme, puisque l'agent de change n'a pas un intérêt personnel à la spéculation. » C'est là, croyons-nous, serrer la loi de près et se conformer fidèlement à son texte et à son esprit.

On peut résumer la jurisprudence anglaise en disant qu'elle oblige toujours le commettant à s'exécuter, dès qu'il s'agit de marchés contractés suivant les usages et règlements du Stock-Exchange.

_____

(1) Arrêt de la cour d'appel, Queens-Bench decision, 7 décembre 1878, Thacker versus Hardy (*Law reports*, 1879, p. 685).

Espagne.

La loi unique, titre XVI, de l'*Ordenamiento de Alcalà*, rendue sous le règne de Ferdinand le Catholique, avait déjà formulé le principe que voici :
« De quelque manière qu'il apparaît qu'un homme « veuille s'obliger, il reste obligé. »

S'inspirant de cette belle maxime, le nouveau code de commerce espagnol donne force civile obligatoire à toutes les opérations à terme contractées à la bourse, conformément au règlement de la chambre syndicale.

De plus, ce code contient des règles très rigoureuses pour la protection des agents de change contre les clients qui n'exécutent pas leurs obligations : ceux-ci ne peuvent plus pénétrer à la bourse, et leurs noms sont affichés sur un tableau par les soins de la chambre syndicale.

Un certificat constatant cet affichage est remis à l'agent de change et celui-ci peut, en le présentant au magistrat compétent, obtenir, par une procédure rapide, la saisie des biens de son débiteur (1).

France.

Au moment où nous écrivons ces lignes, la France est encore régie par la législation dont nous

(1) Code de commerce, commenté par D. Pedro Gomez de la Serna et D. José Reus y Garcia, Madrid, 1875.

avons parlé au début de cette étude. Mais depuis longtemps des protestations s'étaient fait entendre et, tant dans l'enceinte législative qu'au dehors, des voix éloquentes demandèrent bien souvent l'abrogation de cette législation surannée et la liberté des contrats (1).

Tout récemment, lorsque les désastres financiers de Paris et de Lyon eurent ramené l'attention publique sur ces questions, il se produisit un mouvement général en faveur de l'abolition des entraves apportées à la négociation des valeurs mobilières et surtout en faveur de la suppression de l'exception de jeu.

La plupart des chambres de commerce, et, notamment, celles des deux grandes villes les plus éprouvées par la catastrophe, émirent des vœux dans ce sens; plusieurs députés formulèrent des projets de loi et obtinrent l'urgence pour leurs propositions. Une seule voix détonna, un seul député, M. Lagrange, demanda, pour remédier aux abus qui s'étaient produits, le maintien de la législation actuelle et même la proscription absolue des marchés à terme. Cet honorable législateur ne proposa rien moins que de remettre en vigueur les dispositions vieillottes

(1) Voy., notamment, Chambre des députés, séance du 27 janvier 1826; séance du 31 janvier 1833; Sénat, séances des 24, 27 février et 5 mars 1864, et de nombreux discours prononcés et des rapports formulés dans les chambres de commerce et dans les tribunaux consulaires.

des anciens arrêts de 1724, 1785 et de l'arrêté du
27 prairial an x. Il demanda donc le dépôt préalable par les vendeurs, des titres mis en vente, et le
dépôt préalable par les acheteurs à terme « d'une
« somme qui, pour chaque valeur, serait calculée
« sur la moyenne des cours de la quinzaine précé-
« dente. »

Voici la sanction : « Toute opération tentée
« ou consommée dans des conditions autres que
« celles fixées par le présent article sera assi-
« milée aux paris prévus par l'article 421 du code
« pénal.

« Les agents de change, courtiers, ainsi que
« toutes les personnes qui auront pris part à cette
« opération, seront punis par l'article 404 du même
« code. (Travaux forcés à temps !)

Et afin de rechercher et de découvrir les marchés dans lesquels les clients n'auraient pas fait le
dépôt préalable des titres ou du prix évalué comme
il vient d'être dit, « un commissaire de police,
« désigné à cet effet, devra faire un rapport hebdo-
« madaire ».

Ce projet bizarre fut flagellé d'une façon bien spirituelle dans un rapport adressé à la société d'économie politique de Lyon par M. Rougier, professeur
à la faculté de droit.

« Si le projet de M. Lagrange était admis, dit
M. Rougier, nous verrions le résultat suivant :

supposons qu'une haute notabilité financière, M. de Rothschild, par exemple, donne ordre à son agent d'acheter à terme 10,000, 5,000, même seulement 1,000 francs de rente, et qu'il s'abstienne d'effectuer aux mains de son agent le dépôt préalable du prix, évalué sur la moyenne des cours de la quinzaine précédente; — l'agent de change n'a pas osé insister, — il a quelques raisons de ne pas douter de la solvabilité de son illustre client, il croit donc pouvoir risquer jusqu'à lui faire crédit du montant du prix d'achat. Hélas! il a compté sans l'austère vigilance du commissaire de police qui ne manquera pas de consigner cette infraction à la loi dans son « rapport hebdomadaire », et voilà M. de Rothschild et son agent de change passibles des peines de l'article 404 du code pénal : travaux forcés à temps. »

La proposition de M. Lagrange se condamnait par son exagération même et personne, dans les Chambres, ne se leva pour l'appuyer.

Un autre député, M. Alfred Naquet, voyant dans la question qui nous occupe une cause juste à défendre, une réforme utile à obtenir, entreprit une campagne en faveur de la liberté des marchés à terme et montra cette même activité et ce même talent qui l'ont rendu célèbre dans la question du divorce.

Après avoir préparé le terrain par d'excellents

articles (1), il reprit le projet de loi qui avait été déposé deux fois par M. Andrieux et deux fois pris en considération dans de précédentes législatures, et il demanda à la Chambre de l'adopter définitivement. Ce projet était ainsi conçu :

Art. 1er. — L'article 1965 du code civil n'est pas opposable aux actions en payement, à raison d'obligations résultant de marchés à terme et à découvert.

Art. 2. — Sont abrogés les articles 421 et 422 du code pénal.

Cette fois, le gouvernement fut obligé de s'occuper de la question, et, le 5 juin 1882, les ministres de la justice, des finances et du commerce déposèrent ensemble le projet de loi suivant :

Art. 1er. — Tous marchés à terme sur effets publics et autres, tous marchés à livrer sur denrées et marchandises sont reconnus légaux. Nul ne peut, pour se soustraire aux obligations qui en résultent, se prévaloir de l'article 1965 du code civil, *lorsque l'acheteur a le droit d'exiger la livraison ou lorsque le vendeur a le droit de l'imposer.*

Art. IV. — Les conditions d'exécution des marchés à terme par les agents de change seront fixées par le règlement d'administration publique prévu par l'article 90 du code de commerce.

Art. V. — Les dispositions de l'article 419 du code pénal sont applicables aux effets autres que les effets publics.

Ce projet de loi avait été rédigé par une commission extra-parlementaire désignée par le garde des

____

(1) Voy. une série d'articles publiés dans le *Voltaire* en mai et dans le *Petit Lyonnais* en juin 1882.

sceaux. Le rapport de cette commission fut également soumis aux Chambres comme exposé des motifs ; il nous fournit des renseignements intéressants sur les discussions qui précédèrent la présentation du projet de loi.

La partie du premier article qui consacre formellement la reconnaissance de tous les marchés à terme (c'est-à-dire des marchés à découvert, à prime, des reports, etc.) fut adoptée à l'unanimité.

L'alinéa relatif à la non-application de l'article 1965 souleva, au contraire, de vives discussions. Quelques membres pensaient que la loi nouvelle devait se borner à établir le principe de la légalité des marchés à terme, et qu'elle devait laisser aux tribunaux, comme par le passé, le soin de définir ceux qui devraient être défendus comme étant entachés de jeu. Cette opinion fut repoussée par 10 voix contre 3.

Sur le point de savoir s'il y avait lieu de décider, d'une façon absolue, que l'article 1965 serait inapplicable aux opérations de bourse, la commission se partagea, et 9 membres s'étant prononcés pour, 9 contre, cette proposition dut être considérée également comme rejetée.

On déclara donc que cet article devrait être écarté seulement dans le cas où le juge constaterait *que les parties avaient le droit d'exiger l'exécution du marché.*

Mais comment vérifier ce fait? Et, dans la règle, quelle présomption appliquer; celle de fraude ou de bonne foi? La commission extra-parlementaire dut avouer qu'il est fort rare de rencontrer un marché à terme que les parties conviendraient de ne pas réaliser, et, d'un autre côté, elle reconnut que les tribunaux devraient apprécier avec la plus grande sévérité toute déclaration argüant le contrat de simulation. Dans ces conditions, il valait mieux proclamer hautement la suppression de l'exception de jeu et fermer la porte, à tout jamais, aux controverses et aux discussions judiciaires.

C'est ce que fit le rapporteur de la Chambre, M. Naquet. Son projet, auquel le gouvernement finit par se rallier, supprima l'alinéa critiqué et formula l'article proposé comme suit : « Tous marchés « à terme sur effets publics et autres, tous marchés « à livrer sur denrées et marchandises sont reconnus légaux. *Nul ne peut, pour se soustraire aux « obligations qui en résultent, se prévaloir de l'ar- « ticle 1965 du code civil.* »

Le projet de M. Naquet, précédé d'un rapport qui est une étude complète et remarquable de la question, fut conforme, pour le reste, au projet de la commission du gouvernement.

Tout en consacrant les principes de liberté, il chercha à empêcher, par la menace de peines sévères, les excès de la spéculation. Il s'attacha à protéger les honnêtes gens, mais il voulut aussi frapper ceux qui troublent la bourse par des manœuvres coupables.

De là son article 5, qui résout certaines controverses auxquelles avait donné lieu l'application de l'article 419 du code pénal, et qui étend la portée de cet article.

Italie.

Ce pays, qui a consacré dans son code civil d'importantes et libérales innovations, n'est pas resté en arrière dans les choses de la finance.

En 1871, les chambres de commerce, réunies en congrès à Naples pour examiner le projet d'un nouveau code commercial, émirent le vœu de voir supprimer l'exception de jeu. Les chambres ont réalisé ce vœu, et actuellement cette exception ne peut plus être admise dans les affaires de bourse.

Cela résulte des articles 1er et 4 d'une loi fiscale des 13-16 septembre 1876, dont voici le texte :

Art. 1er. — Sont soumis à la taxe du timbre : l'achat et vente, tant au comptant qu'à terme, ferme, à prime ou avec report, et tout autre contrat conforme aux usages commerciaux, ayant pour objet des titres, des dettes de l'État, des provinces, des communes et d'autres personnes morales, des actions et obligations de sociétés, ou, en général, quelque titre que ce soit de nature analogue, soit national, soit étranger.

Art. 4. — Les marchés à terme dont il est parlé à l'article 1er, stipulés dans les formes prescrites, seront pourvus d'une action en justice, *alors même qu'ils n'auraient pour objet que le payement de différences* (1).

Genève.

Le canton de Genève se trouvait régi jusqu'en 1860 par les lois françaises, c'est-à-dire par l'article 1965 du code civil et par les articles 421 et 422 du code pénal. Mais depuis quelques années, la fièvre du jeu avait sévi avec tant d'intensité, que le législateur se vit obligé de prendre des mesures contre elle. La première de ces mesures, celle qui lui fut indiquée par l'opinion publique et qui s'imposa à lui

(1) Les formes qu'exige l'article 4 sont indiquées par l'article 2 de cette loi, article conçu comme suit :

« Tant pour les contrats à terme que pour les contrats au comptant « sujets à la taxe, conformément à l'article 1er, on devra employer des « bulletins timbrés mis en vente par l'administration des finances, « suivant les règles qui seront prescrites par un règlement revêtu de « l'approbation du roi.

« Les bulletins timbrés seront de deux espèces : les uns, pour les « contrats faits directement entre les contractants, porteront le timbre « de deux lires (francs), si le contrat est à terme, et de cinquante cen- « times si le contrat est au comptant; ils seront composés de deux « parties; chacune d'elles devra rester entre les mains de chacun des « contractants.

« Pour les contrats faits par l'intermédiaire de courtiers publics, les « bulletins seront à souche (mère et fille); chaque bulletin portera le « timbre d'une lire si le contrat est à terme, et de vingt-cinq centimes « si le contrat est au comptant.

« Pour parfaire un contrat par le ministère des courtiers publics, il « faudra au moins deux bulletins, dont les souches resteront entre les « mains des courtiers publics.

« Les bulletins détachés seront remis à chacun des contractants, « au plus tard le jour non férié qui suivra immédiatement celui de la « stipulation. »

comme elle s'est imposée plus tard à l'Autriche et à l'Italie, dans des circonstances pareilles : ce fut la suppression de l'exception de jeu.

Une loi de la république de Genève, des 22-27 février 1860, reconnut la légalité de tous les marchés de bourse.

ART. 1er. — Les marchés à terme sur les denrées, marchandises, titres négociables, soit industriels, soit de travaux ou de fonds publics, sont reconnus à la bourse de Genève comme opérations commerciales légales.

ART. — *Les marchés pourront se résoudre par des différences, d'accord entre les contractants.*

ART. 3. — Pour avoir date certaine, ils devront être enregistrés par les commissaires.

ART. 4. — L'enregistrement aura lieu sur la production de bordereaux ou conventions arrêtées sur le papier timbré destiné aux opérations de bourse.

ART. 4. — Les articles 421 et 422 du code pénal sont abrogés.

L'article 1965 du code pénal ne peut être interprété comme applicable aux marchés à terme désignés à l'article 1er.

Le projet de loi avait été défendu devant le grand conseil et devant le conseil d'État au nom du crédit public, des besoins commerciaux, de la liberté des conventions et de la moralisation de la bourse.

« En stipulant dans la loi », disait l'un des rapporteurs, M. Alméras, « en stipulant que chacun est tenu de faire honneur à ses engagements *quels qu'ils soient*, nous ne doutons pas que les excès de la spéculation et du jeu, que nous avons observés ces dernières années, ne soient beaucoup diminués et que peu à peu l'habitude d'un jeu excessif ne se perde et ne finisse par disparaître complètement de notre pays. »

M. Guillard, professeur à la Faculté de Paris, et Genévois d'origine, nous dit que les espérances de la commission se sont réalisées, et que la prospérité croissante de Genève est due en partie à cette heureuse innovation (1).

Russie.

La Russie est la seule des grandes nations européennes, avec la France, dont la législation déclare nettement nulles les actions en payement à raison d'obligations résultant de marchés à terme, et qui soumette les participants à ces marchés aux mêmes peines que s'ils avaient pris part à des jeux de hasard. Mais la loi russe ne fixe aucune peine pour la participation aux jeux de hasard. (Rapport de M. Naquet, p. 61.)

Hollande.

La loi est la même qu'en Belgique et reçoit la même application.

Les articles 1965 et 1967 de notre code civil cor-

____

(1) GUILLARD, p. 565.

respondent aux articles 1825, 1826 et 1828 du code néerlandais (1).

Conformément à ces articles, la jurisprudence admet l'exception de jeu pour les opérations de bourse, quand ces opérations ne sont pas sérieuses et qu'elles ont le caractère de jeu ou de pari.

Mais dans tous les cas où les deux parties peuvent livrer les titres, le marché est valable, même s'il y a eu spéculation.

En général, la jurisprudence rejette l'exception de jeu, quand l'une des parties a mis en demeure l'autre partie de prendre livraison des titres ou de les fournir.

La preuve du jeu incombe à celui qui oppose l'exception.

Belgique.

D'après l'exposé que nous avons fait au début de cette étude, on a pu voir que la législation touffue et surannée que nous légua la France (arrêts du conseil, décrets de la république et articles du code pénal de l'empire) ne parvint pas à s'enraciner profondément dans notre sol commercial et progressif. Battue en brèche, attaquée avec violence chaque

---

(1) Les renseignements qui vont suivre ont été fournis en 1877 à M. BADON-PASCAL par un jurisconsulte d'Amsterdam. M. l'avocat D. JOSEPHUS JITTA, d'Amsterdam, nous écrit que rien n'a été innové sur ce point en Hollande.

fois que l'étude d'une nouvelle loi rappelait l'attention sur elle, elle ne laissa bientôt que quelques souvenirs épars et finit par disparaître, emportée par le souffle libéral qui fit décréter en 1867 la liberté du courtage.

Trois articles du code civil furent les seuls textes qui restèrent à la jurisprudence pour régir les opérations de bourse, les seules armes qu'elle garda pour frapper celles qui lui paraissaient nuisibles au crédit public.

Le 26 juin 1875, M. Breuer, rédacteur en chef de la *Cote libre*, adressa aux Chambres une pétition par laquelle il demandait que les articles 1965 à 1967 fussent rendus inapplicables aux marchés à terme. Le projet de loi dont il réclamait le vote supposait l'introduction d'un article nouveau dans le code civil, article ainsi conçu :

ARTICLE 1967 *bis*. — Ne peuvent être considérées comme dettes de jeu ou provenant d'un pari, et donnent lieu à une action : toutes transactions ayant pour objet des marchandises, des denrées coloniales, du change, des fonds ou effets publics, même les achats et ventes simultanés ou à prime, à la condition que ces opérations aient été conclues, soit entre courtiers ou agents de change patentés comme tels, soit par l'intermédiaire de courtiers ou d'agents de change.

Les tribunaux de commerce sont compétents pour connaître de ces opérations.

Comme on le voit, cet article eût introduit dans le code civil une disposition réglant la validité de certains actes de commerce, et établissant en même temps, pour la connaissance de ces actes, la compétence des tribunaux consulaires.

Il y avait là, sans doute, une certaine inconséquence, atténuée pourtant par ce fait que les tribunaux eux-mêmes puisent dans le code civil la loi qu'ils appliquent aux choses de la bourse.

La proposition de M. Breuer fut renvoyée à la commission permanente de l'industrie, et celle-ci, par l'organe de son rapporteur, M. Janssens, se montra favorable à la pétition. Mais, vu la gravité de la réforme, la commission s'abstint de formuler un projet de loi et proposa à la Chambre de renvoyer la pétition à M. le ministre de la justice, avec prière de lui communiquer le résultat de l'examen qu'il voudrait bien en faire.

Nous ne savons si cet examen a été fait, mais, en tout cas, depuis le 11 mai 1876, date du dépôt de ce rapport, le ministre a gardé le silence. Cette année, notre pays ressentit violemment le contre-coup des désastres qui ébranlèrent la France. Le *krach* sévit à Bruxelles et à Anvers, comme il avait sévi à Paris et à Lyon. Les affaires financières furent suspendues pendant un temps, entraînant, par une triste mais inévitable conséquence, la stagnation complète des affaires commerciales et industrielles.

Sans doute, il y avait là le retour de certaines crises qui reviennent périodiquement, pendant les époques les plus prospères, affaiblir le marché financier. Mais des excès aussi avaient eu lieu.

Au milieu des bouleversements qui se produisirent, ce qui émut et affligea surtout le public, ce fut l'exemple de certains individus qui, ignorants des choses de la bourse, mais poussés par un immense désir de gain, s'étaient lancés à corps perdu dans la spéculation. Tant que la chance avait été bonne, ils avaient réclamé de leurs intermédiaires les bénéfices réalisés. Mais lorsque les choses changèrent de face, répudiant leurs engagements, indifférents aux désastres qu'ils allaient causer, ils opposèrent aux agents de change l'odieuse exception de jeu.

L'indignation fut grande au sein de la bourse, où l'on demandait depuis longtemps le respect des contrats, et lorsqu'une pétition nouvelle circula, réclamant la suppression de cette exception, elle se couvrit d'un nombre de signatures tel, que le rapporteur de la Chambre, M. Bockstael, put dire qu'il y avait unanimité dans le monde financier.

La pétition, datée du 1ᵉʳ février 1882, demande « que l'article 1965 du code civil cesse d'être appli- « cable aux opérations portant sur toutes denrées et « marchandises, sur tous effets publics achetés ou « vendus, au comptant ou à terme, aux bourses de « commerce. »

Cette demande fut renvoyée, avec prière de

prompt rapport, à la commission des pétitions, et M. Bockstael conclut, en son nom, à ce qu'il fût fait droit aux réclamations des financiers.

Il termina ainsi son intéressant travail : « La « commission pense qu'il ne faut pas toucher à la « proclamation de principe consignée dans l'article « 1965 du code civil, mais étendre l'exception de « l'article 1966. Pour atteindre le résultat cherché « par les pétitionnaires et maintenir l'harmonie « dans notre législation, elle propose le renvoi de la « pétition à M. le ministre de la justice...

« Mais elle est convaincue que son rapport n'ira « pas rejoindre son devancier, et que l'honorable « ministre aura à cœur de donner une solution à « une grave question, qui préoccupe à juste titre « l'opinion publique (1). »

Ce vœu, il faut l'espérer, sera prochainement accueilli. La réforme que nous sollicitons est mûre à présent, et rien, semble-t-il, ne peut plus en retarder l'adoption. Cette réforme appartient essentiellement au domaine des choses pratiques; les faits servent ici plus que la discussion, et l'expérience du passé, aussi bien que l'exemple des nations étrangères, doit être le plus puissant argument.

Or, cet exemple parle trop haut pour que notre pays puisse continuer à fermer l'oreille. Nous ne

(1) Voy. le rapport de M. Bockstael aux Annexes.

pouvons rester en arrière lorsque Genève, l'Italie, l'Autriche, l'Espagne consacrent la réforme législative, lorsque la France est sur le point de la réaliser, lorsque l'Allemagne et l'Angleterre l'ont rendue inutile par leur jurisprudence large et libérale. Pourquoi hésiterions-nous davantage et qu'attendons-nous pour suivre ces pays que nous distançons si souvent dans le champ du progrès?

Ne craignons pas de faire ce qu'ils ont réalisé avec succès; éprouvés par des catastrophes analogues, employons les mêmes armes pour nous en défendre et nous pourrons dire alors que si nous ne sommes pas entrés les premiers dans la lice, nous aurons profité au moins, d'une façon intelligente, de l'expérience d'autrui.

V.

JURISCONSULTES ET ÉCONOMISTES.

Il est imposant, le cortège des jurisconsultes et des économistes qui se sont prononcés contre le système adopté par la jurisprudence actuelle. M. Guillard nous en donne la liste dans l'ouvrage très complet qu'il a publié en 1875 sur les opérations de bourse.

Nous pouvons renvoyer à son livre le lecteur curieux de parcourir les pages éloquentes consacrées à la défense de la spéculation par les Thiers, les Casimir Périer, les de Villèle, les Troplong, les J.-B. et Horace Say, et par bien d'autres portant des noms illustres dans la science du droit ou dans la politique. Lorsque la dernière crise financière éclata, la question se posa de nouveau devant l'opinion, et celle-ci, par ses voix les plus autorisées, demanda énergiquement l'abolition de l'exception de jeu appliquée aux opérations de bourse.

Sans compter Naquet et les autres hommes politiques dont le sentiment se fit jour au sein des Chambres législatives, les économistes les plus connus tinrent à cœur de prendre parti dans le débat.

M. P. Leroy-Beaulieu, dans l'*Économiste français* (numéro du 11 février 1882), montra l'influence des transactions à terme sur le crédit des États et les avantages qu'elles procurent aux grandes entreprises; il conclut « qu'il serait insensé de prétendre les supprimer ou de les réglementer si à l'étroit qu'elles en fussent notablement entravées. »

M. Courtois, secrétaire de la Société d'économie politique de Paris, auteur d'un ouvrage vraiment classique sur les opérations de bourse, et M. Mathieu-Bodet, ancien ministre des finances, prirent énergiquement la défense des marchés à terme et combattirent l'exception de jeu. (*Journal des Économistes*, numéros de février et mars 1882.)

M. Courcelle-Seneuil, qui comptait, il y a quelque

vingt ans, parmi les partisans de l'exception de jeu, a publié récemment, dans la *Nouvelle Revue*, un article remarquable dont nous extrayons le passage suivant:

« Les marchés à terme diffèrent à beaucoup d'égards du jeu et du pari, particulièrement en ceci: que ceux qui s'y livrent ne connaissent pas ceux contre lesquels ils auraient parié ou joué, de telle sorte que les discussions qui s'élèvent ne sont pas entre acheteur et vendeur, mais entre l'acheteur ou le vendeur et l'intermédiaire ou courtier dont il s'est servi (1). Appliquer, dans ce cas, un article de la loi écrit en vue de cas très différents est excessif, et la morale est offensée de voir de temps en temps une personne qui a rigoureusement exigé l'exécution d'engagements qui lui étaient avantageux répudier avec succès ces mêmes engagements lorsqu'ils lui sont onéreux. L'équité veut que les marchés à terme soient considérés dans tous les cas comme jeux ou paris, ou soient dans tous les cas considérés comme contrats légitimes, c'est-à-dire qu'on leur applique toujours ou qu'on ne leur applique jamais l'article 1965 du code civil. Dès que ces marchés ne sont considérés ni comme contraires aux lois, ni comme dangereux pour l'ordre public, l'article 1965 ne doit pas leur être appliqué. »

Aux noms de ces économistes, il faut joindre

---

(1) C'est le même raisonnement que nous avons vu faire par les juges anglais. (Voy. *suprà*, p. 137 à 140.)

l'autorité qui s'attache aux rapports des chambres de commerce et des sociétés d'économie politique de Paris et de Lyon, les deux villes les plus éprouvées par la crise. Ces rapports sont tous défavorables à l'exception de jeu.

En Belgique, les antécédents législatifs sont hostiles à l'application de l'article 1965 aux marchés à terme. Deux fois, nous l'avons vu, les rapporteurs de la Chambre se sont prononcés dans ce sens.

L'Union syndicale, qui a pris chez nous la place des chambres de commerce, a adopté la même opinion, après avoir entendu, dans sa séance du 5 juin 1876, un rapport du président, résumant fort bien la question, et, cette année même, des conférences intéressantes de M. H. Brunard (1).

La plupart des journaux qui se sont occupés de la question et qui ont voulu pénétrer le mécanisme des opérations de bourse, concluent également à la validité des marchés différentiels (2).

Les financiers ont demandé la suppression de

(1) M. Brunard a également entretenu de ce sujet la *Conférence du Jeune Barreau*.

(2) Voy. notamment les articles des 14 mai et 25 avril 1882 signés par M. Brunard dans le *Moniteur des intérêts matériels*, et celui du 21 mai 1882 de M. de Laveleye, dans le même journal, paru sous ce titre : « les Reports, les Marchés à terme et l'Exception de jeu ».

L'*Écho du Parlement*, l'*Étoile belge* et le *Précurseur*, ainsi que différents journaux financiers, ont publié des articles dans le même sens.

Le *Journal des tribunaux* (n° du 4 mai 1882) et la *Flandre libérale* (juin 1882) critiquent, au contraire, le rapport de M. Bockstael. Nous avons eu l'honneur de répondre à l'article du *Journal des tribunaux*, dans *Le Palais*, n°ˢ des 15 mai et 1ᵉʳ juin 1882.

l'exception de jeu par une pétition couverte d'un nombre considérable de signatures, en tête desquelles figurent celles des membres de la Commission de la bourse.

Nous pouvons donc dire que, à part quelques exceptions bien rares, l'accord s'est fait sur la question et que le monde économique désire la suppression de l'exception de jeu.

VI.

CONCLUSION.

Inconvénients d'une législation incertaine.

Nous avons réuni maintenant assez d'éléments pour pouvoir donner, en connaissance de cause, une conclusion à cette étude.

Ce que nous demandons, fort de l'expérience du passé qui nous a démontré l'inanité des mesures prises contre les opérations de bourse, fort de l'enseignement qu'apporte avec lui l'exposé de la jurisprudence vacillante dont nous avons énuméré les doutes et les revirements, fort enfin de l'exemple que donnent les législations étrangères les plus progressives ; ce que nous demandons, c'est la liberté complète des marchés à terme, c'est la suppression de l'exception de jeu, c'est, en un mot, le maintien des contrats.

« Qu'il reste obligé, celui qui a voulu s'obliger !...»
selon la belle maxime du droit espagnol, et que
cette formule de loi devienne la devise que l'on
inscrira sur le fronton de la Bourse...

Disons-le pourtant, nous ne nous faisons aucune
illusion sur la portée de la réforme que nous sollicitons.

Nous ne croyons pas que la suppression de l'exception de jeu suffise à moraliser la bourse et à en
bannir les excès et les scandales.

Ce qu'il faudrait pour atteindre ce résultat, ce
serait un ensemble de mesures qui introduiraient
dans le monde financier une discipline plus sévère,
parfaitement compatible avec un régime de liberté,
et qui auraient pour effet d'imposer aux intermédiaires des garanties de solvabilité et d'honnêteté
qu'ils ne possèdent pas tous aujourd'hui ; ce serait
aussi, ce serait avant tout le concours des particuliers, qui devraient considérer l'agiotage avec horreur et s'habituer à rechercher le gain par le seul
moyen qui peut le procurer régulièrement : le
travail.

Mais il est certain que la suppression de l'exception de jeu aurait pour effet d'encourager les honnêtes gens, d'effrayer les autres en remplaçant, par
une règle fixe et immuable, la législation douteuse
et mal connue qui règne actuellement.

Rien ne fortifie l'improbité comme des lois peu

sûres et changeantes. Or, l'exception de jeu est aujourd'hui une véritable épée de Damoclès suspendue sur la tête des intermédiaires. Bien peu en connaissent les conditions réelles, bien peu sont au courant des nombreux changements qu'a subis son application et des obstacles que lui crée la jurisprudence la plus récente.

Cette ignorance sert merveilleusement les intérêts des gens de mauvaise foi; dès qu'ils sont poursuivis, en effet, ils menacent d'invoquer l'exception, et l'agent, effrayé, consent à toutes les transactions, accepte les compromis les plus désastreux.

Vienne une loi qui déclare qu'à la bourse, comme partout, l'on devra exécuter les contrats, qui dise que le débiteur devra acquitter sa dette, quelle qu'ait été son intention secrète, et même s'il a voulu réaliser un bénéfice sur la différence des cours; vienne une loi pareille, et la plupart des personnes qui vont, follement attirées par le brillant de l'or, compromettre leur patrimoine à la bourse, se retireront d'elles-mêmes, et craindront de s'exposer dans des aventures où les chances de perte seront égales aux chances de gain.

Le système actuel est immoral.

Qu'on le sache bien, en effet, ce sont les spéculateurs étrangers aux affaires qui profitent surtout de l'exception de jeu, ce sont eux qui seraient frappés et amendés en même temps par la réforme.

Les agents de change invoquent rarement l'article 1965, et, lorsqu'ils le font, ils se voient repoussés par une jurisprudence qui est aujourd'hui constante.

De plus, la Commission de la bourse, et, à son défaut, le Comité de liquidation protège, autant que le permet la législation présente, l'honneur de la corporation, en refusant l'entrée du parquet à ceux qui n'exécutent pas régulièrement leurs engagements.

Il n'en est pas de même des particuliers, qui peuvent user en toute liberté de la sécurité honteuse que leur donne l'article 1965.

Ce sont eux que l'on voit affluer à la bourse, dans les moments de crise financière, ce sont eux qui participent aux mouvements les plus audacieux, dans l'espérance de réaliser de gros bénéfices, et qui, lorsque les désastres arrivent, aggravent la situation en refusant de s'exécuter et enlèvent ainsi à la spéculation tout l'actif sur lequel elle devait pouvoir compter.

Que d'incidents alors qui témoignent hautement de l'immoralité de l'exception de jeu, et qui offrent le triste spectacle de gens malhonnêtes protégés par la loi contre de justes revendications, malgré l'opinion publique et souvent malgré le sentiment des juges eux-mêmes.

N'a-t-on pas vu un prêtre qui avait spéculé, qui

avait perdu et qui, ajoutant un scandale à un autre, refusait de tenir ses engagements et se prévalait de l'article 1965 !

Le tribunal de commerce de la Seine le condamna, en se servant de l'argumentation que voici :

« Attendu que l'abbé P..., présent à la barre et
« revêtu de son costume, oppose l'exception de jeu,
« prétendant qu'il s'est rendu à la bourse pour jouer,
« mais qu'il a eu affaire à des joueurs de mauvaise
« foi qui l'ont triché ;

« Attendu qu'on ne peut admettre qu'un prêtre se
» rende journellement à la bourse pour y suivre
« des opérations de jeu et que le tribunal doit croire,
« pour l'honneur de la robe que porte le défendeur,
« et malgré sa propre affirmation, qu'il s'est livré à
« des opérations sérieuses et non pas, comme il le
« prétend, à des opérations immorales ne pouvant
« servir de base à une action en justice ;

« Par ces motifs, rejette l'exception... (1). »

L'arrêtiste qui recueille cette décision en blâme les motifs au point de vue du droit. Il a raison, sans nul doute, mais on peut comprendre le sentiment des magistrats consulaires refusant, au nom de la morale, de sanctionner une immoralité.

Citons un autre fait qui s'est répété fréquemment cette année, et qui a réalisé la prédiction que faisait,

____

(1) Jugement du 15 avril 1870 (*Belg. jud.*, 1870, p. 575).

en 1833, Garnier-Pagès à la Chambre française, lorsque cet orateur s'écriait qu'avec le système actuel, le joueur pouvait gagner à coup sûr, puisqu'il n'avait qu'à empocher le produit de son gain et à opposer l'exception, en cas de perte (1).

Un rentier achète d'un intermédiaire de Paris un certain nombre de piastres livrables fin courant. Il fait vendre, par un agent de change de Bruxelles, la même quantité de ces titres au même terme. L'opération faite à Paris produit un bénéfice de quinze mille francs, qui lui sont versés et qu'il encaisse. L'opération contraire de Bruxelles laisse une perte de quinze mille francs. Poursuivi par l'agent de change, le rentier oppose l'exception de jeu que le tribunal se voit obligé d'accueillir !...

Mais, d'ailleurs, pourquoi chercher ces exemples? L'exception de jeu, dans les termes où elle se présente d'ordinaire, n'est-elle pas immorale au premier chef? Invoquer un texte de loi pour se

----

(1) « Un homme joue sur la rente, disait Garnier-Pagès, il n'a qu'un « mot à dire : « Je ne payerai pas ».

« Il y a en France, en présence du ministère public, des hommes qui « n'ont qu'à dire : J'ai acheté d'un homme qui voulait livrer, je ne « prendrai pas livraison ; la perte qui en doit être la conséquence, je « ne la subirai pas ; j'ai perdu, je ne payerai pas !

« Savez-vous ce qui peut résulter d'un tel état de choses? Un homme « peut s'adresser à deux agents de change différents et dire à l'un : « Vous vendrez pour mon compte. — Eh bien, cet homme, qui a « opéré en sens inverse sur la même quantité de rente, joue à coup « sûr, car il acceptera l'opération qui se trouvera avantageuse, tandis « qu'il refusera de payer la différence pour l'autre opération. N'est-ce « pas favoriser le fripon aux dépens de l'honnête homme? »

soustraire à un engagement librement contracté, librement accepté ; amasser preuves sur preuves pour démontrer que l'on a voulu se livrer à une opération illicite, c'est-à-dire au jeu ; violer devant la justice cette honnête maxime du droit romain que « personne ne peut alléguer sa propre turpitude », tout cela n'est-il pas contraire à la probité ?

Ah ! les spéculateurs eux-mêmes le sentent si bien, qu'ils gardent l'exception comme une arme suprême et qu'ils épuisent tous les moyens que dame Chicane peut leur fournir, avant de recourir à celui que leur donne l'article 1965.

Eh bien, disons-le sans hésiter, une loi qui secourt l'improbité et que les gens improbes hésitent pourtant à invoquer, une loi que l'honnête homme repousse, une loi pareille est mauvaise et doit disparaître de nos codes. Ou plutôt, car vraiment nous partageons, en parlant ainsi, la confusion qui a été faite trop souvent, une loi nouvelle doit dire que l'article 1965, dirigé contre le jeu, ne peut s'appliquer qu'au jeu et non à des opérations qui n'ont rien de commun avec lui.

Le système actuel est impuissant contre l'agiotage.

A défaut de la morale, le système actuel peut-il invoquer en sa faveur l'utilité ?

S'il en était ainsi, si l'exception de jeu pouvait constituer une digue salutaire contre les débordements de la spéculation, nous pourrions comprendre son application aux marchés à terme, nous souhaiterions même que les prescriptions de la loi civile fussent renforcées par les rigueurs de la loi pénale. Il y aurait ici, en effet, un intérêt social en jeu : il faudrait empêcher que des hommes ignorants des combinaisons de la bourse ne vinssent risquer leur patrimoine et celui de leur famille. Il ne suffirait pas, pour cela, de dire aux spéculateurs : « Vous « n'aurez pas d'action en justice. » Il faudrait ajouter : « Vous serez atteints par la vindicte publique, » il faudrait forger au plus tôt une arme qui pût les frapper.

Mais… cette arme a été faite, elle a été suspendue au côté du ministère public et celui-ci n'a jamais songé à s'en servir…; il existait dans le code de 1810 des dispositions qui définissaient et punissaient les paris sur la hausse et la baisse. Jamais, nous l'avons vu, ces articles ne furent appliqués en Belgique ni en France, et lorsqu'on discuta, dans notre pays, le nouveau code pénal de 1867, tout le monde s'accorda à reconnaître l'inutilité de ces dispositions.

Que de belles paroles furent prononcées alors, combien l'on vanta le respect des contrats et avec quelle netteté ne déclara-t-on pas que, du moment où l'on ne pouvait considérer comme illicites les opérations de bourse, il fallait proclamer franchement leur reconnaissance et supprimer toutes entraves. Mais ces déclarations restèrent discrètement renfermées dans les rapports et dans les exposés des motifs, elles ne furent pas coulées dans la loi, et si les articles 421 et 422 disparurent de notre code pénal, la jurisprudence put continuer à se prévaloir de l'article 1965.

Nous savons aujourd'hui ce qu'a produit cette jurisprudence, nous savons que les magistrats, désireux de protéger l'honnêteté contre la fourberie, sont arrivés, à un résultat tout opposé. Jamais l'exception de jeu n'a effrayé le spéculateur honorable, qui est bien décidé, au moment où il contracte, à tenir ses engagements ; mais pour le client improbe, cette exception a été un appât puisqu'il a pu se dire, avant de s'engager dans une spéculation, qu'il pourrait l'invoquer si la chance lui devenait contraire.

L'article 1967.

Si nous envisageons la question au point de vue des intermédiaires, nous voyons se manifester d'une façon plus saisissante encore les contradictions et l'injustice du système actuel.

L'article 1967 du code civil, complément de l'article 1965, dit en effet que « le perdant ne peu « répéter ce qu'il a volontairement payé ».

Cet article est appliqué aux affaires de bourse, tout comme l'article 1965. Or, qu'arrive-t-il dans la pratique? C'est que l'intermédiaire qui a des doutes sur la solvabilité de son client, sur sa qualité de spéculateur sérieux, a bien soin de se faire remettre des titres ou des espèces en garantie, et l'on sait que cette *couverture* constitue, d'après une jurisprudence à peu près constante, un payement volontaire qui ne peut être répété. Cette précaution, les intermédiaires véreux qui fréquentent la bourse la prennent toujours, ou bien ils se font donner d'autres sûretés qui les mettent à l'abri de toute exception, par exemple, des effets qu'ils ont bien soin d'endosser, de sorte qu'ici encore ce sont *les malins* (qu'on nous pardonne ce mot trivial) qui sont protégés par la loi, tandis que les agents honorables, qui ont suivi la foi de leurs clients, se voient exposés à subir l'exception.

Ainsi (conséquence naturelle d'un système antijuridique) les tribunaux qui ont cru trouver dans un chapitre du code civil des armes sûres pour atteindre l'improbité financière sont arrivés à un résultat tout opposé.

*Observations de Naquet et de Berryer sur la
jurisprudence actuelle.*

Voici comment s'exprime, à propos de la jurisprudence actuelle, le rapporteur du projet de loi proposé en France. Ses paroles ne sont que le sobre reflet des appréciations émanées de la plupart des jurisconsultes et des économistes qui se sont occupés de cette question :

« Sans doute, le but des tribunaux, en appliquant l'exception de jeu en matière de marchés à terme, est fort louable en lui-même ; ils ont voulu par là empêcher les spéculations excessives. Qui oserait prétendre que ce but ait été atteint? Peut-être, contrairement à l'intention si respectable des magistrats, ont-ils aidé au développement du mal qu'ils voulaient restreindre? La jurisprudence a contribué à étendre les abus de la spéculation; avec elle, l'homme malhonnête peut jouer à coup sûr, puisque s'il gagne, il exige le payement de son agent de change, lequel ne peut invoquer l'exception de jeu et que, s'il perd, il se prévaut contre lui de cette exception. Il faut poursuivre le but que se sont proposé les tribunaux, mais en employant les moyens contraires : il faut admettre toujours l'action en justice; la crainte d'une condamnation publique agira comme un frein salutaire sur les personnes trop disposées au jeu et déterminera parfois les familles de spéculateurs insolvables à venir à leur secours en payant leurs dettes. »

Berryer s'écriait avec plus de fougue, en 1859 : « Je ne vois, à coup sûr, rien de plus respectable que le sentiment qui a inspiré jusqu'à présent les décisions de la magistrature. L'horreur du jeu, le désir de l'atteindre partout où il se cache ont conduit la magistrature à confondre avec le jeu la spéculation légitime, celle qui est un élément nécessaire de la prospérité publique. Ah! pourquoi, au lieu de dénier l'action civile pour raison des engagements pris dans les marchés à terme, n'a-t-on pas maintenu tous les droits de la loyauté, le respect et l'inviolabilité des engagements? Pourquoi n'a-t-on pas condamné l'homme qui a fait un marché à terme et qui n'en remplit pas les conditions? Une pareille jurisprudence eût singulièrement diminué le nombre des gens qui cherchent la fortune dans de folles entreprises, sans qu'une responsabilité sérieuse, légale, les arrête sur la voie des engagements irréfléchis. »

Utilité économique des marchés différentiels.

L'application de l'article 1965 aux opérations de bourse ne sert pas plus les intérêts de la société qu'elle ne sauvegarde les droits de la morale...

Avouons-le, nous étions certain d'arriver à cette conclusion. Il n'existe plus, en effet, de raison d'État à notre époque et l'on ne peut justifier une loi malhonnête par des motifs d'utilité ; au contraire, il est permis de poser en axiome qu'une loi est toujours mauvaise et inutile lorsqu'elle encourage l'improbité.

Avons-nous gagné notre procès, et, après avoir réussi à démontrer (nous l'espérons du moins), que l'article 1965 ne régit pas les marchés à terme et qu'en tout cas l'application de cet article est nuisible, pouvons-nous poser notre plume et finir notre travail? Pas encore. Notre ambition est plus haute, nous ne voudrions pas que le marché différentiel, dont nous nous sommes constitué le défenseur, ne triomphât que par ce seul motif que la loi dirigée contre lui fût jugée inefficace et inapplicable.

Ce que nous voulons démontrer, ce qui doit ressortir de cette étude, c'est la nécessité de laisser une liberté complète au marché financier, et cela parce que toutes les transactions qu'on y fait, opérations au comptant, à terme et, disons le grand mot, marchés différentiels, toutes sont utiles à la société.

Nous n'en sommes plus à démontrer l'action bienfaisante de la spéculation et des marchés à terme qui en sont les instruments.

Qu'un criminaliste éminent ait voulu les interdire

dans notre pays. il y a quelque quinze ans (1), qu'un homme politique ait déposé récemment en France un projet de loi qui les frapperait de mort et ne laisserait subsister que les opérations au comptant (2), ce sont là des théories en regard desquelles on peut placer les pages sans nombre, les discours éloquents que les penseurs, les philosophes, les jurisconsultes, les économistes les plus distingués ont consacrés à leur défense.

C'est que cette spéculation, en effet, que des législateurs ignorants ont si longtemps cherché à enrayer, que des lois maladroites pourraient mettre en péril encore aujourd'hui, c'est que cette spéculation a renouvelé la face du monde économique, et a doté notre siècle d'une prospérité morale et matérielle que l'humanité n'avait jamais connue. Les chemins de fer, qui rapprochent les hommes et les pays et qui jettent sur leur passage la semence du progrès, c'est à la spéculation que nous les devons; les emprunts, qui facilitent aux États les travaux les plus grandioses, ou qui délivrent un territoire de la présence de l'étranger, c'est la spéculation qui les fait réussir; les découvertes scientifiques qui se propagent, qui se réalisent et qui, tout en ajoutant une parcelle de gloire au patrimoine de l'humanité, augmentent notre bien-être et transforment les con-

(1) Rapport de M. Haus sur le code pénal.
(2) Proposition Lagrange.

ditions de notre existence, c'est la spéculation qui va les chercher dans le cabinet du savant et qui, les portant sur ses ailes puissantes, les transporte dans le monde pratique (1).

Sans doute, le spéculateur n'agit, la plupart du temps, que dans son intérêt propre, mais son action n'en est-elle, pas moins, utile et bienfaisante ?

Le négociant qui compare le prix du blé en Amérique avec celui de son propre pays et qui, voyant un avantage à réaliser, en achète à terme une grande quantité pour le revendre, peut-être avant son arrivée ; le financier qui souscrit aux titres d'un emprunt nouveau, parce qu'il suppose que la faveur publique s'attachera à ces titres et qu'il pourra les écouler avec bénéfice, sans doute avant le moment fixé pour la prise de la livraison ; le capitaliste

(1) Nous ne résistons pas au plaisir de citer ces lignes consacrées à la spéculation par un auteur anonyme :

« Grâce au bruit qui s'est fait, grâce à l'activité de la spéculation, le
« capital devenu sensible, mobilisé, a roulé, si l'on peut parler ainsi,
« sur le lit de la Bourse, comme un fleuve nouveau arrosant sur sa
« route la terre injuste et dure, rivière aux mille bras, dont chaque flot
« est utilisé sans qu'une goutte soit perdue, une molécule égarée...

« Sans lui, sans ces sociétés armées pour la lutte dans le grand duel
« de l'esprit contre la matière, le fer, le zinc, l'étain, le chêne, le sapin,
« les os ou les muscles du sol, les pierres, l'air et l'eau seraient restés
« presque immobiles, inertes et barbares. Les voici civilisés. Tout se
« réunit, se joint, se mêle. On fait des wagons. on fond des chaudieres,
« on creuse les puits profonds, la vapeur siffle, les machines marchent
« et les entrailles de la terre sont bénies. »

(*L'Argent*, par un homme de lettres devenu homme de bourse.)

qui fait, à grand renfort de réclames et de prospectus, l'émission des actions d'une entreprise télépho-
nique ou autre, créée par la science, et qui espère
récupérer ainsi, à gros intérêts, la somme qu'il a
dû payer à l'inventeur pour l'achat de sa découverte; tous ces gens ne contribuent-ils pas à la
prospérité publique et ne servent-ils pas les intérêts
de l'humanité?

Ce blé qu'un négociant hardi fait venir d'Amérique, il est possible que sa valeur subisse des variations nombreuses pendant le voyage, haussant si la
marchandise se fait rare dans le pays auquel elle
est destinée, baissant au contraire si elle est abon-
dante. Ces oscillations de valeur, les capitalistes les
suivent avec attention, et comme leur désir est,
le plus souvent, de réaliser le bénéfice aussitôt acquis, il arrive que la marchandise est achetée et
et vendue un grand nombre de fois avant d'arriver à
son port.

Entre le premier spéculateur qui a acheté le blé
et celui qui prendra définitivement livraison, on
trouve ainsi un certain nombre d'intermédiaires
achetant tous au même terme (le moment fixé pour
la prise de possession), mais revendant successivement avant l'arrivée de ce terme, et spéculant ainsi,
à vrai dire, sur les différences.

Cette spéculation est d'une utilité certaine; elle
offre ce grand avantage de partager le gain ou la

perte, et d'empêcher, en une certaine mesure, la formation ou l'effondrement trop rapides des fortunes, l'un et l'autre également nuisibles au crédit public.

Si la valeur du blé est montée de dix mille francs pendant le voyage, ce bénéfice se répartit sur les cinq ou dix spéculateurs qui l'ont traité ; si le contraire se produit, c'est la perte qui s'éparpille sur plusieurs têtes.

D'un autre côté, ces achats et ces ventes empêchent les soubresauts trop brusques de la valeur, puisqu'ils ont précisément pour objet de profiter des moindres oscillations qu'elle subit... Avantage évident pour le public, qui peut, à son tour, régler ses acquisitions d'après ses besoins, sans devoir craindre des changements de prix trop soudains.

Il en est ainsi des titres au porteur, et ici l'utilité des marchés différentiels se montre d'une façon bien plus manifeste.

Ce sont eux, en effet, qui forment l'immense majorité des transactions financières, parmi lesquelles les opérations au comptant ne comptent que pour un chiffre très restreint. Quant aux contrats qui aboutissent, d'une liquidation à l'autre, à une livraison effective de titres, ils sont entre-coupés, entremêlés d'une infinité d'achats, suivis bientôt après de reventes, et se résolvant, en définitive, en différences.

Cette multiplicité de transactions présente une utilité qui est reconnue par tous les économistes. Elle entretient dans les titres au porteur l'activité et la mobilité qui sont les conditions mêmes de leur existence. Il faut, en effet, pour que ces titres soient acceptés par le public, que celui-ci soit toujours sûr de pouvoir s'en défaire s'il le désire. Tel hésitera à prendre une valeur dont l'écoulement est difficile, qui en achètera une autre, moins bonne peut-être au point de vue intrinsèque, mais d'une négociation plus aisée.

La Bourse doit donc être, suivant une expression pittoresque, « une rivière de rentes », où le capitaliste pourra puiser quand il lui plaît, ou au contraire déverser les valeurs dont il veut se débarrasser.

Or, les marchés différentiels jouent ici le rôle de ces mille petits ruisseaux que l'on voit couler avec les allures les plus diverses, mais qui tous, une fois mêlés au courant général dont ils semblent à peine augmenter le volume, partagent sa marche uniforme et réglée. Ce sont eux, intéressés qu'ils sont à corriger tous les écarts de hausse ou de baisse, ce sont eux qui donnent au marché cette fixité relative qui détermine l'épargne à lui apporter le concours de ses capitaux.

Le rapport de M. Naquet contient à cet égard des observations révélant une connaissance bien approfondie des choses de la bourse :

« Si, quand une compagnie de chemin de fer se crée, celui qui en achète les actions sait qu'il sera forcé de prendre livraison à l'échéance, que, même à cette époque, il trouvera difficilement quelqu'un qui consente à prendre la suite de la spéculation; que, jusque-là du moins, il sera absolument obligé de rester sur sa position, sauf à faire à lui seul tous les frais de la dépréciation et de la perte, si dépréciation et perte il y a, il n'achètera pas; et comme l'épargne n'absorbe les titres qu'à la longue, qu'elle est timide, qu'elle ne se décide à intervenir que quand l'affaire a déjà fait ses preuves; qu'en attendant son intervention, c'est la spéculation seule qui les garde en dépôt, les titres ne se placeront pas, l'émission échouera, et les travaux auxquels elle avait pour but de subvenir ne pourront être exécutés.

« Il en va tout autrement si l'on sent qu'à chaque heure on peut se défaire de ce qu'on a acheté ou racheter ce qu'on a vendu. Chacun alors, sûr de limiter en tout cas sa perte, se précipite sur les titres offerts : beaucoup de ceux qui les ont pris avec la perspective de les revendre les gardent; d'autres réalisent leurs bénéfices, mais vendent à des capitalistes qui ont des placements à effectuer et qui, voyant le succès assuré, achètent en bourse et mettent les titres en portefeuille; le classement se fait, l'émission réussit et les travaux sont exé-

cutés. C'est ainsi qu'ont pu se construire nos chemins de fer, que l'État a pu emprunter les cinq
milliards nécessaires à la libération du sol de la
patrie, qu'il a pu émettre, depuis lors, le 3 p. c.
amortissable destiné à compléter notre armement,
à construire le troisième réseau de chemin de fer,
à doter l'industrie de nouvelles voies de communi-
cations par eau, à parfaire nos chemins vicinaux, à
améliorer nos ports maritimes, à mettre des fonds à
la disposition des communes qui veulent développer
leur outillage scolaire.

« Cette mobilité énorme du marché, sans laquelle,
personne ne le conteste, aucune de ces choses n'aurait été faite, peut-elle être obtenue autrement que
par la multiplicité des achats et des ventes? Et si
elle ne peut pas l'être autrement, ce qui ne fait non
plus l'objet d'aucune contestation, n'est-il pas hors
de doute, puisqu'elles sont de beaucoup les plus
nombreuses, que celles de ces opérations qui se
soldent par des différences, qui sont établies dans
ce but, contribuent pour la plus grande part à ce
résultat bienfaisant? »

Après avoir lu cet exposé si judicieux et si vrai,
pourra-t-on dire encore que les marchés différentiels
sont inutiles et nuisibles? Et si, au contraire, leur
importance est certaine et doit être reconnue, peut-
on continuer à leur appliquer l'article 1965?

Mais s'il faut absolument les gouverner par le

chapitre du code civil qui s'occupe du jeu et du pari, n'est-ce pas le cas de les ranger parmi les jeux que l'article 1966 soustrait, précisément à cause de leur utilité, à la disposition qui le précède?

Ces marchés à terme qui, suivant les économistes les plus compétents, viennent puissamment en aide à la fortune et à la prospérité publiques, il semble qu'ils doivent être assurés d'une protection au moins égale à celle que le code donne « aux jeux propres « à exercer au fait des armes, aux courses à pied ou « à cheval, aux courses de chariot, au jeu de paume « et autres jeux de même nature qui tiennent à « l'adresse et à l'exercice du corps. »

Pour nous, nous n'hésitons pas à croire que l'agent de change qui a gagné ses courtages en traitant des marchés à terme, mérite tout autant d'être muni d'une action civile que celui que la chance a favorisé au jeu de paume ou au steeple-chase.

Les abus ?

Nous venons de voir que dans cette bourse de commerce qui apparaît à beaucoup d'esprits comme un lieu inutile et dangereux, chaque combinaison, chaque transaction a sa place marquée par le cours naturel des choses; chacune concourt, pour sa part, à l'activité générale.

Est-ce à dire que le tableau soit sans ombre? que

les abus ne pénètrent pas à la bourse? que l'improbité en soit bannie?

Et quelle est l'institution humaine, s'il vous plaît, où le bien règne sans partage ? L'abus n'est-il pas toujours à côté de l'usage ; la licence à côté de la liberté ; le mal à côté du bien?

« Cette licence, ces abus pénètrent à la bourse « bien plus qu'ailleurs, » dit-on. Cela n'est pas bien sûr, et je crois que si l'on devait comparer les fraudes qui se commettent là à celles dont le commerce, par exemple, est le témoin, l'on trouverait que l'intérêt humain se sert partout des mêmes moyens : réguliers et honnêtes souvent, mais parfois aussi mauvais et illicites.

Que l'on saisisse, que l'on châtie les gens malhonnêtes... c'est fort bien ; que l'on atteigne ces spéculateurs indignes qui se servent de moyens frauduleux pour opérer des mouvements factices et qui s'enrichissent de la ruine des autres... rien de mieux.

Notre code pénal contient plusieurs articles qui punissent le vol et l'escroquerie ; il s'occupe même spécialement, à l'article 311, des fraudes qui se commettent à la bourse.

Les partisans de la liberté des contrats demanderont tous que l'on applique ces dispositions avec sévérité ; ils savent qu'ils affermiront ainsi leur thèse. Le meilleur moyen de protéger la liberté n'est-il pas de châtier la licence?

Cela est si vrai que les rédacteurs du projet de loi présenté aux Chambres françaises, en même temps qu'ils réclament l'abrogation des décrets portés contre la spéculation, proposent d'étendre à tous les effets, et non seulement aux effets publics, la disposition de leur code pénal qui correspond à notre article 311.

On ne peut qu'applaudir à ces tendances; on ne peut que désirer l'adoption de pareilles mesures qui, si elles sont rigoureusement appliquées, débarrasseront l'arbre de la spéculation de ses mauvais rameaux et rendront ainsi le tronc plus sain et plus vigoureux. Coupons ces branches parasites et malfaisantes, mais surtout ne touchons pas à la sève (1).

(1) Sans doute, dit encore M. Naquet, des abus se mêlent à l'usage; sans doute, à côté du génie fécond qui spécule sur sa découverte, du commerçant audacieux qui, à ses risques et périls, prévoyant la disette, la prévient par d'immenses approvisionnements; du financier qui, précédant et attendant l'épargne, permet à l'État et aux grandes compagnies de placer leurs emprunts et rend ainsi possibles les grands travaux publics; à côté de tous ces travailleurs, car ce sont des travailleurs au sens général et élevé du mot, qui enrichissent leur pays et qui accroissent le bien-être commun, il y a le spéculateur indigne de ce nom, le spéculateur de mauvaise foi, l'*agioteur* qui, par des manœuvres frauduleuses, s'efforce d'édifier sa fortune sur la ruine de ses concitoyens. Sans doute, cette spéculation déloyale, déshonnête, doit être punie, lorsqu'on la saisit, comme le vol et l'escroquerie dont elle procède. Mais à vouloir la prévenir, au lieu de la punir, on tuerait la spéculation vraie, féconde et productive. Pour empêcher quelques ruines partielles, il faut avoir le courage de le dire, on minerait la nation, on ramènerait l'humanité à ses origines.

La réforme.

Nous espérons avoir réussi à démontrer l'utilité, la nécessité d'une réforme : examinons maintenant les moyens pratiques de la réaliser. Il y en a deux : une loi nouvelle, un revirement de la jurisprudence.

Celle-ci, ne l'oublions pas, a accompli des évolutions nombreuses avant d'arriver à la définition qu'elle donne actuellement des jeux de bourse, et ces évolutions, il faut le dire, ont marqué presque toujours un pas en avant dans la voie de la réforme.

Les tribunaux pourraient progresser encore et, donnant une interprétation nouvelle de l'article 1965, resserrer davantage les conditions d'admissibilité de cette disposition ou même la déclarer tout à fait inapplicable aux marchés à terme.

Ce moyen serait des plus efficaces ; il n'existe, en effet, nous l'avons vu, aucune loi contraire aux opérations de bourse. Si celles-ci sont parfois appréciées comme étant du jeu et sont privées, par suite, d'une action civile, c'est parce que le juge en décide ainsi d'après des éléments d'appréciation qui lui sont personnels.

Qu'il change d'opinion, et les marchés différentiels trouveront auprès des tribunaux l'appui qu'y obtiennent les autres contrats.

Nous ne croyons pas devoir nous arrêter à cette solution.

Nous avons dit, et il est inutile de revenir sur ce point, les inconvénients qu'ont produits les indécisions de la jurisprudence, les perturbations qu'elles ont causées dans le monde économique. Nous avons vu que la fixité de la législation est le plus sûr moyen d'obtenir l'honnêteté dans les affaires, que l'incertitude est, au contraire, un encouragement puissant pour l'improbité.

Il faut qu'une loi intervienne et s'exprime d'une façon nette et précise. Peut-être pourra-t-on en em prunter le texte au projet qui est actuellement soumis aux Chambres françaises. Ce projet commence par proclamer la légalité des marchés à terme, qui est reconnue dans notre pays depuis 1867; il prononce ensuite l'abrogation des anciens décrets qui n'ont jamais été mis en vigueur en Belgique, et des articles 421 et 422 qui ont disparu de notre code pénal, mais il établit aussi le principe que nous voudrions voir adopter par notre législateur : « Nul ne « peut, pour se soustraire aux obligations résultant « des marchés à terme, se prévaloir de l'article 1965 « du code civil, lors même que ces marchés devraient « se résoudre par le payement d'une simple diffé- « rence »

Que l'on adopte cette formule ou toute autre qui s'exprime d'une façon aussi précise ; que l'on consacre la réforme par une loi spéciale, ou bien, respectant le vœu du législateur de 1867 et satisfaisant au désir exprimé par le rapporteur de 1882, que l'on dise dans le code civil même que les marchés à terme ne seront plus soumis à l'application de l'article 1965... peu importe !

Ce qu'il faut, c'est que l'on se hâte de donner à la bourse la sécurité qu'elle est en droit de demander.

Nous avons proclamé, il y a quinze ans, la liberté du courtage ; nous avons supprimé le privilège des agents de change ; nous avons ouvert ainsi toutes grandes les portes de la Bourse aux personnes désireuses de servir d'intermédiaires pour la négociation des valeurs ; nous avons cessé de demander à ces personnes des garanties de solvabilité et de capacité... C'est fort bien.

Mais pour pouvoir recueillir tous les fruits que l'on attend d'un régime de liberté si largement inauguré, pour obtenir que la bonne foi règne à la Bourse et que les gens improbes craignent d'y pénétrer, pour pouvoir corriger en un mot certains effets fâcheux du principe établi par la loi de 1867, il faut que le législateur proclame hautement le maintien des contrats et le respect des engagements ; il faut qu'il dise que nul, sauf le cas de fraude et de dol, ne pourra se soustraire à une dette librement acceptée. Une pareille loi imprégnerait le palais de la Bourse, peut-on dire, d'une atmosphère d'honnêteté ; elle contribuerait puissamment à en écarter les spéculateurs véreux qui se sentent encouragés aujourd'hui par les facilités que leur offre la législation présente; elle servirait ainsi la cause du Droit et de la Probité.

ANNEXES.

I

**Rapport fait au nom de la commission parlementaire, par
M. HENRI BOCKSTAEL (1).**

Par pétition datée de Bruxelles, le 1er février 1882, les membres de
la commission de la bourse de Bruxelles, des banquiers et des agents de
change exerçant auprès de cette bourse, demandent la suppression de
l'article 1965 du code civil, consacrant l'exception de jeu ou tout au
moins sa modification, en ce sens qu'il cesse d'être applicable aux opérations portant sur toutes denrées et marchandises, sur tous effets
publics achetés ou vendus au comptant ou à terme aux bourses de
commerce.

Le 16 février, le bureau de la chambre renvoya la pétition à la commission et le 26 vous avez décidé qu'il serait fait un prompt rapport.

Le nombre des signataires doit faire penser qu'il y a unanimité à
Bruxelles dans le monde financier pour demander l'abolition de ce qu'on
appelle l'exception de jeu. Les pétitionnaires rappellent le désastre
financier, presque sans précédent, qui s'est produit récemment à la
bourse de Paris et dont les effets ont été ressentis sur toutes les places
de commerce.

En France, l'opinion publique se prononce d'une manière tellement
énergique contre ceux qui refusaient de satisfaire à leurs engagements
sous prétexte que la loi ne les sanctionnait pas, qu'au lendemain du
« krach » deux propositions de loi étaient présentées à la chambre,
l'une ayant pour but de réduire les opérations de bourse aux marchés

(1) *Doc. parlem.*, session 1881-1882, p. 953.

au comptant, en entourant les marchés à terme de conditions qui les rendent impossibles.

Nous ne nous arrêterons pas à ce projet qui dépasse le but et tend à la suppression des marchés à terme que la loi reconnaît quand ils sont sérieux et qui, ajoutons-le, sont nécessaires.

L'autre proposition émane de M. Naquet, le promoteur du projet de loi sur le divorce.

L'article 1er est ainsi conçu :

« L'article 1965 du code civil n'est pas opposable aux actions en payement à raison d'obligations résultant de marché à terme et à découvert. »

Le législateur du code civil a pensé qu'il ne devait accorder aucune protection pour le recouvrement d'une dette de jeu ou pour le payement d'un pari. Encore dans l'article 1966 a-t-il exclu en principe de cette dérogation au droit commun les jeux d'adresse et ceux qui tiennent à l'exercice du corps.

Quels sont les motifs qui l'ont déterminé? — Le droit ancien réprouvait le jeu comme un délit, mais ne punissait pas le pari, probablement, dit Laurent, parce qu'il est moins dangereux. — La France se souvenait de la retentissante catastrophe causée par l'Écossais Law, qui cependant avait compris la nécessité de provoquer la concurrence des capitaux et a contribué à l'établissement du crédit.

Pothier, que les auteurs du code ont suivi, enseignait que la loi dénie toute action à ceux qui jouent.

Les travaux préparatoires nous montrent combien le jeu fut maltraité dans la discussion.

L'exposé des motifs porte « que l'on cherche vainement une cause des engagements contractés par les joueurs, et qu'on n'en voit aucune ».

Le rapporteur du Tribunat, Siméon, dit que le jeu n'est pas nécessaire, n'est pas utile, et qu'il est extrêmement dangereux.

Duveyrier, l'orateur du Tribunat, est encore plus sévère; il traite le jeu de *monstre antisocial*. La loi, dit-il, doit le dédaigner, le méconnaître et lui refuser son appui.

En somme, quand le jeu n'est qu'une récréation, le législateur n'a pas à s'en occuper, mais on sait que la passion du gain et non pas le désir de se récréer est le mobile de certains jeux.

Le législateur ne doit favoriser que le gain que produit le travail qui rentre dans la mission de l'homme, tandis que le jeu éloigne du travail, et c'est ce qui le rend si nuisible.

Il est tout naturel, dès lors, que l'on fît une exception, surtout quand on se reporte à 1804, pour les jeux qui développent les facultés physiques, les exercices de force et d'adresse si fort en honneur dans la Grèce antique.

Mais ce que l'on appelle *jeux de bourse* est-il compris dans la réprobation de l'article 1965?

Le législateur a-t-il même pensé aux jeux de bourse en édictant l'article? il est certain qu'en 1804 on ne faisait de marchés à terme qu'à Paris.

Malgré une jurisprudence semi-séculaire et l'autorité qui s'attache à l'opinion de M. Laurent, il a été soutenu que l'on ne pouvait ranger les jeux de bourse qui ne sont pas, loin de là, de simples jeux de hasard, sous la dénomination générale dont se sert l'article 1965. Jeux de bourse, dit-on, est un mot inventé après coup et le spéculateur qui joue le soir à son cercle pour se distraire doit être fort étonné d'apprendre qu'il ne fait que *jouer* quand, par un travail fort ardu, il a arrêté des combinaisons qui sont loin d'être à la portée de tous (1).

Un autre membre distingué du barreau de Bruxelles (2) a entrepris, dans une conférence donnée à la Basoche, de démontrer que les tribunaux avaient tort d'appliquer l'article 1965 aux jeux de bourse.

Nous ne croyons pas devoir exposer et rencontrer ici les arguments produits dans ces articles et conférences, d'ailleurs très intéressantes, par la raison que les partisans de cette opinion eussent-ils raison, la jurisprudence s'est prononcée si souvent et si longtemps contre eux qu'il serait imprudent de subordonner le sort de la pétition à l'arrêt de la cour suprême qui viendrait réformer cette jurisprudence.

Nous pensons qu'il vaut mieux poursuivre l'étude de la question posée, d'autant plus que la commission estime qu'elle doit être résolue dans le sens de la pétition.

Le législateur a refusé toute action à ceux qui réclament l'exécution de prétendus marchés désignés sous le nom de jeux de bourse parce qu'il a pensé que quand on ne pourrait contraindre un joueur malheureux à payer, on se garderait bien de traiter avec lui. Considérant le jeu comme un mal, il a cru que l'on jouerait moins avec la disposition d'ordre public de l'article 1965 que s'il ne l'édictait pas.

Mais le but que s'est proposé le législateur de 1804 a-t-il été atteint?

Nous comprenons, comme disent les pétitionnaires, que des gens peu scrupuleux soient d'autant plus portés à spéculer qu'ils peuvent se réserver de ne pas payer en cas de perte, et c'est peut-être de là que

____

(1) Voy. une série d'articles intéressants sur la question, par M. Wiener, avocat, publiés par la *Belg. judic.*, avril, mai et juin 1881.

(2) Conférence par M. Brunard, avocat, en mars 1882.

provient cette spéculation effrénée dont les épouvantables résultats ont récemment jeté la ruine et le deuil dans les grandes villes d'un pays voisin. Il est pénible de penser que, parmi les victimes, se trouvent d'honnêtes gens dupes de leur confiance et subissant la peine de la malhonnêteté des autres.

La morale ne trouve pas son compte dans l'application de l'article 1965. En effet, il n'est pas d'usage et il serait quasi impossible à l'agent de change d'exiger chaque fois une provision couvrant l'opération.

Il exécute donc les ordres des personnes en qui il a confiance à cause de leur situation et de leur moralité.

Il ne saurait se soustraire à l'accomplissement d'engagements qui rentrent dans l'exercice de sa profession. Donc, celui qui a fait une opération que le cours a rendue avantageuse en recueille les fruits. Or, cette même personne si elle perd, au lieu de gagner, peut, quelle que soit sa brillante position de fortune, se refuser à régler l'opération qu'elle a faite, en invoquant l'article 1965.

Il est impossible, dans l'espèce, que la législation continue à prêter des armes à la mauvaise foi. Si, dans certains cas, cela arrive (par exemple, dans la prescription), c'est qu'il y a un intérêt public évident et des plus importants qui domine l'intérêt particulier. Dans l'espèce, cette considération ne se rencontre pas au même titre, loin de là. Ceux qui jouent doivent savoir qu'ils s'exposent à perdre, et on ne peut soutenir que l'intérêt public demande que, pour empêcher la spéculation, on permette aux spéculateurs malheureux de se soustraire à leurs engagements.

Bien que les tribunaux tendent en général à restreindre l'exception de jeu, on observe, en France surtout, une différence d'appréciation entre les tribunaux de commerce et les cours d'appel.

Tandis que les premiers n'admettent que très exceptionnellement un moyen que suggère la mauvaise foi et que l'article 1965 semble pour ainsi dire ne pas exister pour eux, les cours, qui appliquent plus strictement la loi, accueillent l'exception quand elle résulte des faits.

Il semble donc que le commerce est presque unanime à demander une réforme qu'imposent l'équité et la morale.

Les pétitionnaires ne réclament pas l'abrogation complète de l'article 1965, ils demandent qu'il cesse d'être applicable aux opérations portant sur toutes denrées, marchandises, effets publics, achetés ou vendus au comptant ou à terme, soit aux bourses de commerce, soit en dehors de celles-ci.

Le remède contre le jeu n'est pas dans la loi, il doit être dans l'éducation et la morale. Il faut apprendre aux jeunes gens à fuir le jeu et la spéculation, qui mène à la ruine et parfois au déshonneur, et leur enseigner que le travail, et non le hasard, conduit à la richesse.

S'il fallait d'autres considérations pour établir notre conviction, nous trouverions un puissant argument en faveur des pétitionnaires dans la manière dont les tribunaux décident quand l'exception de jeu est soulevée devant eux ; car si la règle édictée par l'article 1765 est claire et précise, la question de savoir si les faits de la cause permettent de l'appliquer est parfois bien délicate et bien difficile à décider. En effet, une opération à terme crée des obligations réciproques parfaitement valables. Le juge est appelé à décider si, eu égard aux circonstances de la cause, les opérations ne devaient pas amener de livraison, mais devaient, dans *l'intention* des parties, se *régler en différences*. Il doit voir si l'opération est en rapport avec la fortune des contractants, or déterminer une intention est parfois chose bien délicate, et les tribunaux doivent souvent se tromper à cet égard.

Qui, d'ailleurs, plaindra un joueur qui a fait des opérations aléatoires dépassant ses ressources et son crédit, alors que chaque jour nous voyons d'honnêtes travailleurs, industriels et commerçants, dont les prévisions les mieux étudiées sont renversées par des événements extérieurs et dont l'aveugle fortune détruit en quelques jours les laborieux efforts ?

Il est à remarquer que les organes de la presse qui se sont occupés de la question en Belgique se prononcent énergiquement en faveur des pétitionnaires.

Le législateur doit tenir compte des vœux de l'opinion publique, surtout quand ils sont d'accord avec la morale.

En France, l'an dernier déjà, un journal des plus considérés publiait une série d'articles très bien écrits et se prononçant dans le sens des pétitionnaires (1).

Ce n'est pas la première fois que la Chambre est saisie de cette question. Le 11 mai 1876, la commission permanente de l'industrie déposait un rapport sur la pétition du sieur Breuer, qui lui avait été renvoyée par la Chambre.

Les considérants sont favorables à la thèse que nous soutenons. Mais vu la gravité de la réforme, dit le rapport, la commission s'est abstenue de la demander formellement (2) ; elle a proposé de renvoyer la pétition

____

(1) *Journal des Débats*, juillet 1881.

(2) Suppression de l'exception de jeu en matière de bourse. Rapport fait, au nom de la commission permanente de l'industrie, par M. Janssens.

13

à M. le ministre de la justice, *avec prière de lui communiquer le résultat de l'examen qu'il voudra bien en faire.*

Des renseignements puisés au greffe il résulte que jamais M. le ministre d'alors n'a fait connaître à la commission de l'industrie, qui le demandait dans les meilleurs termes, le résultat de son examen sur cette intéressante question.

Il est permis de supposer que la pétition est enfouie dans un des cartons du ministère. — Espérons que, cette fois, nous serons plus heureux.

La commission estime qu'il y a lieu de faire droit à la demande des pétitionnaires.

Elle pense qu'il ne faut pas toucher à la proclamation de principe consignée dans l'article 1965, mais étendre l'exception de l'article 1966.

Pour atteindre le résultat cherché par les pétitionnaires et maintenir l'harmonie dans notre législation, la commission vous propose, messieurs, le renvoi de la pétition à M. le ministre de la justice; elle estime qu'il vaut mieux qu'un projet émane du gouvernement qui a sa confiance que de recourir à la forme de l'initiative parlementaire.

En vous priant d'ordonner ce renvoi, la commission est convaincue que son rapport n'ira pas rejoindre son devancier et que l'honorable ministre de la justice aura à cœur de donner une solution à une grave question qui préoccupe à juste titre l'opinion publique (1).

Le président-rapporteur,

H. BOCKSTAEL.

II

ÉLÉMENTS DU JEU DE BOURSE.

Jurisprudence belge postérieure à la loi du 30 décembre 1867.

ARRÊT DE LA COUR D'APPEL DE BRUXELLES, 5 JUILLET 1869.
(*Pasic.* 1869, II, 353.)

C'est à celui qui fait valoir l'exception de jeu qu'il incombe d'établir que l'obligation a réellement pour base la cause illicite qu'il invoque.

(1) Conformément à ces conclusions, la pétition a été renvoyée à M. le Ministre de la justice, le 18 avril 1882.

Pour que ce moyen soit élisif de l'action, il ne suffit pas de prouver que le spéculateur qui s'en prévaut ait réellement joué à la hausse ou à la baisse sur les valeurs qui font l'objet des opérations intervenues, mais il faut en outre qu'il soit établi que le cocontractant s'est constitué la *contre-partie* du jeu, ou tout au moins qu'il a su qu'il prêtait son ministère à des opérations de ce genre.

COUR D'APPEL DE BRUXELLES, 19 NOVEMBRE 1869. (*Pasic.* 1871, II, 260.)

Même décision.

COUR D'APPEL DE BRUXELLES, 8 JUIN 1870. (*Pasic.* 1870, II, 257.)

Si, en principe, les marchés à terme sur les fonds publics peuvent être considérés comme légitimes et obligatoires lorsqu'ils sont contractés dans les limites des ressources des parties, il n'en est pas de même lorsque les éléments de la cause démontrent que ces marchés sont tout à fait hors de proportion avec la fortune de celui pour le compte duquel ils ont été traités.

COUR D'APPEL DE GAND, 21 MAI 1870. (*Pasic.* 1870, II, 253.)

Même décision.

COUR D'APPEL DE GAND, 24 JUILLET 1873. (*Pasic.* 1873, II, 339.)

Pour qu'un marché à terme puisse être réputé un jeu ou un pari, il faut que la commune intention des parties ait été que l'opération ne soit pas suivie de livraison effective et doive se résoudre en un simple payement de différences.

COUR D'APPEL DE GAND, 10 AVRIL 1873. (*Pasic.* 1873, II, 256.)

Même solution.

COUR D'APPEL DE BRUXELLES, 7 DÉCEMBRE 1874. (*Pasic.* 1874, II, 45.)

La seule circonstance que des marchés à terme de fonds publics qui ont été conclus sérieusement ont été liquidés par le payement de différences ne constitue pas le caractère du jeu.

Dans ce cas, l'agent de change chargé de vendre ou d'acheter ces valeurs a droit au remboursement de ses avances, s'il a dû croire que l'opération dont il était chargé était sérieuse et ne couvrait pas un jeu de bourse.

COUR D'APPEL DE GAND, 30 JANVIER 1875. (Cité dans l'ouvrage de BADON-PASCAL, p. 222.)

Le marché à terme est parfaitement licite. Il ne devient une de ces opérations de jeu ou de pari pour lesquelles l'article 1965 refuse toute action, que lorsque, dans l'intention de toutes les parties contractantes, ce marché ne doit pas être suivi de livraison, mais se résoudre nécessairement dans le payement d'une différence au profit de l'une ou l'autre partie.

On ne peut considérer comme jeu de bourse le marché à terme qui est exécuté par une revente et un rachat, si la convention permettait d'exiger la livraison effective des marchandises.

COUR D'APPEL DE BRUXELLES, 16 DÉCEMBRE 1878. (*Pasic.* 1879, II, 68.)

Même solution.

COUR D'APPEL DE BRUXELLES, 7 AVRIL 1879. (*Pasic.* 1879, II, 178.)

L'exception de jeu opposé à un agent de change par un client pour lequel il a fait des opérations de bourse ne peut être accueillie, s'il n'est pas établi que cet agent de change a su, lors de ces opérations, que son client avait l'intention de jouer.

La circonstance qu'il a été souscrit au profit de ce dernier, pour solder ces opérations, un billet à ordre causé *valeur en compte sur différences de bourse* ne suffit pas pour établir qu'il a eu cette connaissance.

COUR D'APPEL DE BRUXELLES, 10 DÉCEMBRE 1881. (*Journal des Tribunaux,* 1882, col. 176.)

Des opérations importantes sur titres, faisant l'objet de spéculations doivent être considérées comme des jeux de bourse, quand l'agent de change opère sans couverture et moyennant une commission minime (1/2 par mille) pour une personne avec laquelle il n'était pas en relations antérieurement.

III

Rapport fait au nom de la commission chargée d'examiner le projet de loi relatif à la négociation des valeurs mobilières et les propositions sur les marchés à terme, par M. Alfred Naquet, député (Extraits).

. . . .

La première par ordre de date des trois propositions dont nous soyons saisis, celle du rapporteur, est ainsi conçue :

Art. 1er. — L'article 1965 du code civil n'est pas opposable aux actions en payement, en raison d'obligations résultant de marchés à terme et à découvert.

Art. 2. — Sont abrogés les articles 421 et 422 du code pénal.

La proposition de M. Janvier de la Motte est la suivante :

Art. 1er. — L'article 1965 du code civil sera rédigé dorénavant comme il suit :

« Art. 1965 — La loi n'accorde aucune action pour une dette de jeu ou pour le payement d'un pari.

« Les opérations d'achats et de ventes, faites à terme sur marchandises de toutes sortes, titres de rentes, actions ou obligations des sociétés industrielles et commerciales et autres valeurs négociables par l'intermédiaire des agents de change ou courtiers de commerce, ne pourront être assimilées aux jeux et paris prévus par le précédent paragraphe. »

Art. 2. — Les articles 421 et 422 du code pénal sont abrogés.

Elle est, comme on le voit, rédigée dans le même esprit que la précédente. Son texte est même peut-être plus juridique ; mais elle est un peu moins large en ce qu'elle exclut du bénéfice de ses dispositions libérales les transactions qui seraient faites en dehors des agents de change ou des courtiers.

Quant au projet du gouvernement, il serait plus juridique encore, et plus compréhensif, n'était un membre de phrase que, par des motifs que nous vous ferons connaître plus loin, nous avons cru devoir écarter et remplacer, voici quelle en est la rédaction :

Art. 1er. — Tous marchés à terme sur effets public ou autres, tous marchés à livrer sur denrées et marchandises sont reconnus légaux.

Nul ne peut, pour se soustraire aux obligations qui en résultent, se prévaloir de l'article 1965 du code civil, lorsque l'acheteur a le droit d'exiger la livraison ou lorsque le vendeur a le droit de l'imposer.

Art. 2. — Les articles 421 et 422 du code pénal sont abrogés.

Art. 3. — Sont abrogés les dispositions des anciens arrêts du Conseil des 24 septembre 1724, 7 août-2 octobre 1785, et 22 septembre 1786 ; les articles 15, chapitre Ier, 4, chapitre II, de la loi du 28 vendémiaire an IV, 13 de l'arrêt du 27 prairial an x, les art. 85, § 3, et 84 du code de commerce.

Art. 4. — Les conditions d'exécution des marchés à terme par les agents de change seront fixées par le règlement d'administration publique prévu par l'article 90 du code de commerce.

Art. 5. — Les dispositions de l'article 419 du code pénal sont applicables aux effets autres que les effets publics.

Voici maintenant le texte de la proposition de loi qu'a déposée M. Ballue le 11 février 1882 :

Art. 1er. — L'impôt sur les quittances est supprimée. Le § 1er de l'article 18 de la loi du 23 août 1871 est abrogé.

Art. 2. — Les droits fixes de 50 centimes et de 1 fr. 50 c. sur les bordereaux des agents de change (art. 19 de la loi du 2 juillet 1862) sont supprimés et remplacés par un droit de cinq centimes par cent francs (0 fr. 5 c. par 100 fr.) sur les opérations de bourse de toute nature.

Art. 3. — Les agents de change feront l'avance de cet impôt et en demeureront responsables, sauf recours par eux sur leurs clients.

Art. 4. — Les dispositions de l'article 1965 du code civil ne sont point applicables aux opérations de bourse ; les articles 421 et 422 du code pénal sont abrogés.

Art. 5. — Toute fraude ou dissimulation ayant pour objet de soustraire les opérations de bourse à la taxe stipulée en l'article 2 de la présente loi, sera punie d'une amende égale à 50 fois le montant de cette taxe.

Art. 6. — Un règlement d'administration publique déterminera le mode de perception de ia taxe prévue par l'article 2 de la présente loi, ainsi que les formes et conditions dans lesquelles s'exercera le contrôle des agents du trésor.

Quant à la proposition de loi, déposée le 7 février par M. Lagrange, elle est conçue dans un esprit diamétralement opposé à celui des autres projets ou propositions. La voici :

Article unique. — L'article 13 de l'arrêté du 27 prairial an x est modifié ainsi qu'il suit :

« Chaque agent de change devant avoir reçu de ses clients les effets qu'il vend, ou les sommes nécessaires pour payer ceux qu'il achète, est responsable de la livraison et du payement de ce qu'il aura vendu et acheté. Son cautionnement sera affecté à cette garantie et sera saisissable au cas de non-consommation dans l'intervalle d'une bourse à l'autre *pour les ventes au comptant, et de deux jours après la prochaine liquidation pour les ventes à terme,* sauf les délais nécessaires au transfert des rentes ou autres effets publics dont la remise exige des formalités.

« Lorsque le cautionnement aura été entamé, l'agent de change sera suspendu de ses fonctions jusqu'à ce qu'il l'ait complété entièrement, conformément à l'arrêté du 29 germinal an IX. — Les noms des agents de change ainsi suspen. dus de leurs fonctions seront affichés à la bourse.

« *Les sommes à déposer par les acheteurs à terme seront calculées, pour chaque valeur, sur la moyenne des cours de la quinzaine précédente.*

« *Toute opération de bourse tentée ou consommée dans des conditions autres que celles fixées par le présent article sera assimilée aux paris prévus par l'article 421 du code pénal.*

« *Les agents de change, courtiers, ainsi que toute personne ayant pris part à cette opération, seront punis des peines fixées par l'article 419 du même code.*

« *Le commissaire de police designé à cet effet devra faire au moins un rapport hebdomadaire.* »

Ainsi, un projet du gouvernement et deux propositions tendant à rendre l'exception de jeu inopposable aux marchés à terme ; une proposition tendant, au contraire, à aggraver la législation actuelle, ou tout au moins à arrêter la jurisprudence dans la voie libérale ou elle est entrée, et une cinquième proposition à côté faite par M. Ballue ; telle a été, en ce qui concerne l'exception de jeu, la matière sur laquelle a porté le travail de votre Commission.

.   .   .   .

Malgré une législation qui interdit d'une manière non douteuse les marchés à terme et à découvert, et même les marchés à livrer sur denrées et marchandises, la magistrature a trouvé le moyen de les valider très souvent. Pourquoi ? Parce que les mœurs ont été plus fortes que les lois, parce que les mœurs ont obéi elles-mêmes à des nécessités sociales dont n'avaient aucune idée les législateurs de 1724, de l'an III ou de 1807, et contre lesquelles aucun pouvoir humain ne saurait prévaloir ; parce qu'on reste en deçà et probablement bien en deçà de la vérité en établissant que sur vingt marchés plus de dix-neuf, aussi bien en matière commerciale qu'en matière d'effets publics, se font à terme. Comment ce fait économique s'est-il produit en dépit de tous les arrêts, de tous les décrets, de tous les codes ? Il faut pour s'en rendre compte étudier les principes généraux de la production des richesses.

Ces principes, d'après Proudhon (1), se ramènent à quatre :

Le *travail*, qui ne crée certainement pas la matière, mais qui en modifie la forme et qui l'approprie à nos besoins ;

(1) *Manuel du spéculateur à la Bourse* (Introduction).

Le *capital*, travail accumulé mis en réserve pour une nouvelle production : tout produit, autre que celui qui est immédiatement consommé, devient capital reproductif lorsque, sortant des mains de l'ouvrier qui lui a donné naissance, il passe dans les mains de celui qui s'en sert comme d'une matière première ou comme d'un outil. Ainsi le charbon, produit pour le mineur, est capital reproductif pour l'industriel qui l'emploie à l'alimentation de ses machines ; le chanvre, le coton, produits pour l'agriculteur, deviennent matières premières, *capitaux reproductifs* pour le filateur, dont le produit, le *fil*, devient à son tour capital reproductif pour le fabricant de tissus. Il n'y a pas jusqu'au grain de blé qui ne devienne un capital reproductif lorsqu'il est destiné à la semaille.

Le *Commerce*, qui a pour but de mettre les divers produits à la portée du consommateur, doit également être considéré comme principe de production. Produire, eu effet, ce n'est pas créer ; c'est ajouter une utilité à la matière. Or, on ajoute une utilité à la matière en la mettant à la portée de celui qui doit la consommer, tout comme en lui donnant la façon qui la rendra propre à la consommation. Du blé, du poisson, de la viande, dans un pays où il y a surabondance, n'ont aucune utilité, donc aucune valeur. Ils acquièrent une utilité considérable, et partant une valeur égale, si on les transporte dans un pays où il y a disette. Le transport est donc créateur de richesse, producteur. Il en est de même de l'emmagasinement des produits, qui permet à chaque consommateur de venir s'approvisionner facilement, et de la prestation des capitaux sans lesquels emmagasinement et transport seraient impossibles.

Enfin la *spéculation* est le quatrième principe, le principe supérieur de la production. Il importe d'en bien établir l'utilité, le rôle ; car c'est des idées que nous nous serons faites de la spéculation que découleront celles que nous pourrons avoir sur les marchés à terme qui en sont la conséquence, et qui sont, ne l'oublions pas, l'objet de ce rapport.

Nous ne saurions mieux faire que de citer textuellement, à cet égard, quelques pages du *Manuel du spéculateur à la bourse* de Proudhon. Il est impossible, en effet, de mieux analyser cet intéressant problème que ne l'a fait ce penseur éminent.

Au-dessus, dit-il, du travail, du capital, du commerce ou de l'échange et de leurs innombrables variétés, il y a encore la *spéculation*.

La spéculation n'est autre chose que la conception intellectuelle des différents procédés par lesquels le travail, le crédit, le transport, l'échange, peuvent intervenir dans la production. C'est elle qui recherche et découvre, pour ainsi dire, les gisements de la richesse, qui invente les moyens les plus économiques de se la procurer, qui la multiplie soit par des façons nouvelles, soit par des combinaisons de crédit, de transport, de circulation, d'échange; soit par la création de nouveaux besoins, soit même par la dissémination et le déplacement incessant des fortunes.

Par sa nature, la spéculation est donc essentiellement aléatoire comme toutes les choses qui, n'ayant d'existence que dans l'entendement, attendent la sanc tion de l'expérience...

Proudhon donne ensuite une série d'exemples destinés à bien établir le rôle de la spéculation, nous nous bornons à citer les suivants qui sont plus particulièrement en relation avec notre sujet et sur lesquels nous aurons à revenir.

Un ébéniste fait ouvrir une bille de palissandre ou acajou. Il l'a achetée, à ses risques et périls, 300 francs. Si le bois est sain, tant mieux pour lui ; s'il est gâté ou de qualité inférieure, tant pis. A mesure que le trait de scie avance, la sciure paraissant être de bon aloi, les chances d'un marché avantageux se changent en probabilités, mais pas encore en certitude. Un second ébéniste offre au premier cent francs de bénéfice et devient acquéreur. Le même jeu se répète avec d'autres avant que la bille soit entièrement refendue, en sorte que le dernier acheteur la paye 600 francs. La pièce de bois n'a pas doublé de valeur sans doute ; mais elle a doublé de prix, et ce prix s'est réparti entre les différents propriétaires, depuis le premier vendeur jusqu'au dernier acheteur. Cette répartition est, au même titre que le transport ou l'échange, une production.

Un marchand de vins en gros, au lieu d'écouler sa marchandise au prix courant, la garde en cave jusqu'à ce que la tenue de la vigne fasse augurer favorablement ou défavorablement de la récolte pour l'année suivante. Vient une gelée qui compromet la pousse; la grêle détruit les bourgeons; la coulée emporte le dernier espoir du vigneron : le vin double de prix. Que signifie cela ? Que la consommation de l'année qui suit devra être en partie couverte par la récolte de celle qui précède, et qu'à défaut de la prévoyance publique, le spéculateur a pris sur lui d'y pourvoir. C'est donc un service qu'il rend tout en faisant fortune : son épargne devient pour tout le monde production. — Posons le cas contraire : la vendange s'annonce sous d'heureux auspices, et la récolte dépasse à la fin toutes les évaluations; le prix des vins diminue de moitié. Le marchand perd dans la même proportion qu'il comptait gagner. Que s'est-il passé ? C'est que le négociant, en ajournant sa vente, a détruit, non pas la moitié du vin qui était dans ses caves, mais la moitié de la valeur de ce vin, en le dérobant à la consommation qui le réclamait. Sans doute on peut regretter de voir le bienêtre du peuple livré ainsi à l'arbitraire des spéculateurs : c'est une question à traiter à part. Mais autant il est vrai de dire qu'il y a eu destruction de valeur dans le second cas, autant il est certain qu'il y avait eu production dans le premier.

Un armateur de Marseille vient de recevoir d'Odessa le connaissement d'une cargaison de blé qui doit lui arriver sous un mois. La disette sévit, les céréales sont en hausse , transport de marchandises, production. Au moment où le navire entre dans le port, le blé a été vendu et revendu cinq ou six fois, toujours avec profit : partage de bénéfice, production. Dans l'intervalle du débarquement le gouvernement abaisse les droits de douane et de péage sur les blés, dont le prix se reduit de 10 p. c. L'affaire devient mauvaise pour le dernier spéculateur, qui s'est trop aventuré et qui paye pour tous : destruction de valeur entre ses mains, par conséquent démonstration de la productivité spéculatrice chez ses confrères.

. . . .

. . . .

Ainsi donc, la spéculation est, à proprement parler, le génie de découverte. C'est elle qui invente, qui innove, qui pourvoit, qui résout, qui, semblable à l'Esprit infini, *crée de rien* toutes choses. Elle est la faculté essentielle de l'économie. Toujours en éveil, inépuisable dans ses ressources, méfiante dans la prospérité, intrépide dans les revers, elle avise, conçoit, raisonne, définit, organise, commande, LÉGIFÈRE : le travail, le capital, le commerce *exécutent*. Elle est la tête, ils sont les membres ; elle marche en souveraine, ils suivent en esclaves.

Son action est universelle. Le premier qui laboura un champ, qui enferma du bétail dans un parc, qui fit fermenter du jus de pomme ou de raisin, qui creusa, au moyen de la flamme, un canot dans un tronc d'arbre, fut tout autant spéculateur que celui qui, longtemps après, imagina la monnaie ou la lettre de change.....

Si donc le travail uni au capital façonne la matière ; si le transport, l'emmagasinement, le commerce, en un mot, mettent cette matière ainsi transformée à la portée du consommateur ; c'est la spéculation qui prévoit les besoins, pourvoit aux approvisionnements, détermine les recherches scientifiques et les découvertes, veille à la sûreté des États ; uniformise la valeur de toutes choses, est à la fois le grand moteur et le grand régulateur de l'humanité.

. . . .

Souvent, jusqu'à ce jour, les législateurs ont confondu leur rôle avec celui du moraliste. Les deux rôles sont cependant essentiellement différents. Le moraliste qui ne prétend agir que par la persuasion se borne à établir d'une manière absolue ce qui est bien et ce qui est mal ; il conseille le bien, il déconseille le mal. Là se limite son action, bienfaisante lorsqu'il parvient à avoir un empire sur les âmes : « Ne jouez pas », dit-il aux hommes. « Il n'y a de fortune saine que celle qui est le résultat du travail et de la production. Le jeu éloigne du travail, habitue à l'oisiveté, développe toutes les passions malsaines, tous les vices, et finit presque toujours par amener la ruine dans les familles.

Travaillez, commercez, produisez, spéculez même, en tant que spéculation sera synonyme de production ; mais ne jouez pas. »

Nous n'avons rien à redire à ces doctrines, et s'ils étaient chargés d'un cours de morale, il n'est pas un seul des membres de votre Commission qui ne les professât. Mais le rôle du législateur est tout autre.

Le législateur étudie les mœurs ; dans son étude il tient compte des défauts des hommes aussi bien que de leurs qualités ; il analyse les divers phénomènes sociaux dont il pèse les inconvénients et les avantages ; il recherche ce qu'il peut et ce qu'il ne peut pas empêcher ; il s'efforce de régulariser la marche des sociétés en s'opposant au mal dans la limite du possible, et, quand le mal est si profondément uni ou bien qu'on ne saurait atteindre l'un sans atteindre l'autre du même coup, en balançant les mauvais par les bons côtés des choses de manière à conserver les institutions dans lesquelles le bien prédomine, et à détruire celles où le mal a le dessus. Il sauvegarde de la sorte l'intérêt social autant que le permettent les lois naturelles qu'il s'efforce de découvrir pour les faire passer dans le droit positif. Agir ainsi, c'est faire de la politique scientifique.

Agir autrement, se heurter contre les faits, au risque de s'y briser, frapper l'usage pour atteindre l'abus, entrer en lutte avec la nature humaine au lieu de se régler sur elle en suivant ses développements et ses progrès, c'est faire de la politique métaphysique et oiseuse.

Aux partisans de l'exception de jeu rendue applicable aux opérations à terme ou à livrer qui se pratiquent à la bourse ou dans le commerce, il est trop facile de répondre. Si vous trouvez, leur dirons-nous, le moyen de conserver les effets indispensables de la spéculation en en déracinant les abus multiples ; si vous pouvez obtenir que tout acte déshonnête soit banni de la bourse et du commerce sans en arriver à la suppression de la bourse et du commerce eux-mêmes, faites-le. Mais si l'insuccès de tous vos essais successifs prouve que vous ne le pouvez pas ; s'il démontre que vous ne réussiriez à faire disparaître les inconvénients de la spéculation qu'en tuant la spéculation ; si même il permet d'établir que vous n'avez pas la faculté de ce choix, qu'il vous est impossible de tuer la spéculation, qu'à le chercher vous ne faites que mettre le droit positif en lutte avec le droit naturel, toujours le plus fort, alors cessez de poursuivre un but chimérique, car, en l'essayant, vous réalisez l'inverse de ce que vous vous proposez : là où vous vouliez faire régner l'ordre et la moralité, vous n'engendrez que l'immoralité et l'impudeur.

Et, en effet, pour supprimer les jeux de bourse, qu'a-t-on imaginé ? De refuser une action en payement au gagnant.

Lorsqu'il s'agit du jeu ordinaire, on ne se contente pas de refuser une action en payement au gagnant. On ferme les maisons où la partie s'organise, on défère aux tribunaux ceux qui les tiennent, on punit ces derniers de peines très sévères, on les prive de leurs droits civiques à perpétuité. A-t-on, jusqu'à ce jour, assimilé les agents de change ou même les coulissiers aux personnes qui tiennent une maison de jeu? Nullement! Malgré les dispositions que les lois diverses que nous avons citées mettaient à la disposition des gouvernements, on ne l'a jamais osé, on ne l'a jamais pu. On s'est borné à dire aux agents de change : « Si vos clients ne vous payent pas, vous ne serez pas admis à répéter contre eux. »

Réduite à ces termes — et il est impossible de la pousser plus loin — la prohibition ne présente plus que des désavantages. Elle va contre son but. Faite en vue de protéger l'honnête homme, elle protège le voleur ; faite en vue d'éviter les excès de la spéculation, elle pousse à ces mêmes excès.

. . . .

Mais, dira-t-on, la jurisprudence reconnaît les marchés à terme, à la seule condition qu'ils soient sérieux, que leurs auteurs ne se proposent pas, en les contractant, de simples règlements par différence.

Comment l'agent de change le saura-t-il? Comment scrutera-t-il les intentions de son client? En recherchant quelle est la position de fortune? Mais rien n'est plus difficile à évaluer que la position d'un homme ou d'une société qui, comme la plupart des spéculateurs, ont leur fortune en valeurs mobilières ou en numéraire ; et, d'ailleurs, un homme peut trouver à emprunter pour entreprendre des opérations sérieuses, quoique plus étendues que sa fortune ne semblerait le comporter. Un client a opéré depuis des années chez un intermédiaire ; il a toujours régulièrement payé ; l'agent en est arrivé à lui accorder sa confiance entière. Puis un jour, lorsque son crédit est bien établi, il joue à la fois chez lui et chez un autre agent auprès duquel il est parvenu à jouir d'un crédit égal, se fait payer de l'un et refuse de payer l'autre, et, comme le fait seul des deux opérations contradictoires prouve surabondamment qu'elles n'avaient rien de réel, l'agent de change perdant est débouté de son action ; intermédiaire, il est forcé de payer l'acheteur, tandis que le vendeur ne le paye pas. Et tout cela au nom de la morale. Où donc a-t-on trouvé cette morale-là?

. . . .

Si encore les agents de change opéraient comme les notaires ; s'ils se bornaient à faire des transferts, à prêter leur ministère, pour établir leurs conventions, à des personnes qui auraient pris leurs informations, leurs garanties, comme lorsqu'on achète une propriété; s'ils étaient sans responsabilité personnelle, l'exception de jeu serait, sinon plus défendable, du moins plus excusable. Mais admettre cette exception et en rendre passible, non le joueur lui-même, qui sera toujours assuré de toucher la différence, — car un agent ne saurait en aucun cas exciper de l'exception de jeu, — mais l'intermédiaire qui, d'après la loi, est censé ne pas jouer et qui, même dans les cas où il contrevient à cette disposition légale, fait bien rarement la contre-partie du client, c'est évidemment une règle que rien ne justifie, une règle qui a pu prendre naissance à une époque où les lois du crédit et des affaires étaient encore à peine connues, mais qui ne saurait sans abus criants, se perpétuer par une espèce de prescription dans un siècle de lumières et d'universelles transactions.

Au surplus, qu'a-t-on voulu en appliquant l'exception de jeu aux opérations à terme qui se font à la bourse et dans le commerce? Je l'ai dit : diminuer le « jeu » en inspirant une terreur salutaire aux agents.

Le but est-il atteint? Pouvait-il l'être? Et, s'il l'était, le serait-il sans que des inconvénients plus graves fussent produits? C'est cette triple question qu'il convient d'envisager.

Le but n'est pas atteint et ne peut pas l'être. Pour éviter le jeu, en effet, à qui s'efforce-t-on d'inspirer cette terreur salutaire? Au joueur que cette crainte retiendra peut-être? Non! à l'agent qui, dans tous les cas, est autorisé à croire qu'il fait une opération sérieuse, qui n'a aucun moyen de scruter les intentions de son client, qui ne peut pas savoir si celui-ci joue ou ne joue pas, à qui il est bien difficile de se soustraire à l'exécution des ordres qu'il reçoit.

Quant au client, c'est bien autre chose. Tel s'arrêterait peut-être, sous l'influence d'une disposition légale inverse de celle qui prévaut aujourd'hui, s'il savait qu'en cas de perte on pourra répéter contre lui à raison de l'obligation qu'il a contractée, l'exécuter, le saisir, l'exproprier,... qui joue à cette heure en se disant qu'après tout, si la chance le trahit, il en sera quitte pour se retrancher derrière l'exception de jeu.

Sans doute il lui arrivera de se tromper dans ce calcul déshonnête; sans doute les tribunaux obligent souvent à s'acquitter, vis-à-vis de l'agent de change, le client sans scrupules qui avait un peu trop escompté les avantages de l'article 1965 du code civil. Mais par cela seul qu'il n'est pas explicitement écrit dans la loi que cet article ne s'applique en aucun cas aux marchés à terme, par cela seul qu'il y a, sur ce point, des décisions contradictoires des cours et tribunaux, le joueur malintentionné acquiert un degré de confiance favorable à l'accroissement du vice même dont on veut entraver le développement.

En un mot, deux moyens se présentaient pour diminuer les jeux de bourse : l'un consistait à effrayer le joueur en le mettant en face de sa responsabilité. Il était puissant et honnête. — L'autre consistait à effrayer l'intermédiaire en dégageant le joueur de toute responsabilité vis-à-vis de lui. — Il était déshonnête et impuissant. — Quel est celui qu'a repoussé la loi et que certains esprits repoussent encore? Celui qui est à la fois puissant et honnête. — Quel est celui que la loi a choisi et qui, par le fait de l'habitude, du respect des traditions, trouve encore des défenseurs? Celui qui est à la fois déshonnête et impuissant.

. . . .

. . . .

L'*aléa*, le hasard, la chance ne suffisent pas à caractériser le jeu. Ces éléments existent dans la spéculation. Spéculation et jeu se distinguent par le caractère d'utilité de l'une et le caractère toujours inutile et souvent nuisible de l'autre. Un capitaliste qui fait un *contrat à la grosse*, ou qui donne à un savant, en qui il a confiance, la somme dont celui-ci a besoin pour mener à bien une découverte, sauf à la perdre si le succès ne répond pas à l'entreprise, court des chances, fait intervenir le hasard dans ses affaires, Mais cet aléa — ce hasard — intervient ici utilement. C'est grâce à lui que le capitaliste expose ses capitaux, et c'est parce qu'il les expose que le progrès s'accomplit, que la science grandit, que les richesse se multiplient. Il n'y a pas jeu en ceci; il y a spéculation, et la spéculation est permise.

Je parie, au contraire, qu'en lançant mes dés, je ferai venir un point supérieur à celui de mon adversaire. Le hasard intervient encore; mais il intervient sans utilité. Il n'y a plus spéculation; il y a jeu.

C'est si bien ainsi que le législateur a compris les choses que, lorsque dans un pari la loi aperçoit un caractère d'utilité, par exception elle le légalise.

L'article 1966 du code civil que nous avons cité plus haut dispose, en effet, que l'exception de jeu n'est pas applicable aux jeux propres à exercer aux fait des armes, aux courses à pied et à cheval, aux courses de chariot, au jeu de paume et autres jeux de même nature qui tiennent à l'adresse et à l'exercice du corps. Pourquoi cela! sinon parce qu'on a vu dans ces jeux un moyen de pousser à ces divers exercices que l'on considère comme utiles à la société.

A supposer donc qu'il fût possible d'arrêter par des dispositions législatives les marchés se soldant par de simples différences — et nous avons démontré que ce n'est pas possible, à moins de supprimer en même temps les marchés que l'on veut conserver, — il resterait à voir si la chose serait utile, si elle produirait les résultats qu'on en attend ; il resterait à se demander si les achats et les ventes qui se soldent par de simples différences, et qui représentent au moins les dix-neuf vingtièmes des transactions opérées à la bourse, ne jouent pas un rôle nécessaire dans la spéculation dont les sociétés ne peuvent se passer.

Déjà le seul fait que certains États tels que l'Italie, la Suisse, l'Espagne, l'Autriche, ont reconnu la validité des marchés à terme, même au cas où ceux-ci se soldent par de simples différences, ce seul fait, dis-je, est un indice qu'il y a autre chose dans ces marchés qu'un acte de jeu proprement dit : les nations qui les autorisent proscrivent en même temps les jeux ordinaires. Une analyse des phénomènes de la spéculation nous conduira à des conclusions identiques. — Si l'on a présents à l'esprit les exemples que nous avons cités en les extrayant du Manuel du spéculateur à la bourse de Proudhon, celui de la bille d'acajou achetée 300 francs, puis revendue successivement 400, 500, 600 francs, à mesure que les chances d'un marché avantageux augmentent ; celui de l'armateur qui a revendu un grand nombre de fois son blé avant même que le navire qui l'apporte n'ait touché le quai de débarquement, on reconnaîtra qu'un des rôles les plus utiles de la spéculation, — celui peut-être par lequel s'en accuse le mieux la nécessité, consiste à répartir les pertes et les bénéfices. Grâce à cette répartition, une hausse survient : plus-value, production. — tout le monde participe aux bénéfices ; c'est une baisse qui se produit : — anéantissement de valeur, — mais sauf dans des cas tout à fait exceptionnels, cette baisse se produit par gradation ; il y a distribution de la perte comme il y avait eu, dans le cas précédent, distribution des bénéfices ; personne n'est mortellement atteint.

Cette répartition des risques, qui est le résultat de la spéculation, a l'avantage énorme d'empêcher l'édification de grandes fortunes et la consommation de grandes ruines et d'amener une équitable et démocratique distribution de la richesse sociale. Sans elle, la fortune commencerait par se concentrer dans quelques mains, et cela ne serait même pas de longue durée : le commerce languirait, l'industrie manquant de débouchés ne produirait plus, les villes et les États ne réussissant plus à emprunter n'accroîtraient plus l'outillage national, et nous assisterions bientôt à un dépérissement véritable, à une moins-value universelle.

.   .   .   .

C'est donc par suite d'un abus de langage et en se laissant égarer par des mots impropres qu'on en est venu à assimiler au jeu les achats à terme et les ventes à découvert, lorsqu'ils doivent se solder par des différences. Ces opérations sont absolument légitimes, sinon actuellement légales, indispensables au crédit, impossibles à supprimer en l'état de la civilisation.

En est-il de même des opérations qui se font à prime ? Votre commission l'a pensé.

Les opérations à prime sont absolument analogues aux opérations fermes. Elles sont toujours fermes pour l'un des contractants. Elles peuvent aboutir à une levée de titres comme les autres et, en tout cas, en permettant au spéculateur de limiter sûrement les risques qu'il court, elles ont pour effet d'accroître dans une forte proportion le nombre de ces spéculateurs. Elles produisent donc, comme les opérations fermes, l'effet régulateur qui résulte de la multiplicité des transactions ; elles s'éloignent du jeu par le calcul qui y préside ; elles participent à tous les caractères, et par conséquent au caractère d'utilité, que votre Commission a reconnue aux opérations fermes. C'est de la spéculation et non du jeu et elles doivent dès lors donner lieu à une action en payement.

La validité des marchés à prime se déduit d'ailleurs aussi bien des principes juridiques que des principes économiques. Voici comment s'exprime à ce sujet l'exposé des motifs du projet du gouvernement :

On a prétendu qu'en droit ces marchés sont nuls comme subordonnés à une condition potestative pour l'acheteur (code civil, art. 1174). Cette interprétation n'a pas été admise par la jurisprudence, et la commission a entendu la repousser. En réalité, il y a là des achats faits avec une faculté de dédit. L'acheteur ne peut donc pas se délier de son obligation au gré de son caprice en n'éprouvant aucun dommage. Les marchés à prime offrent même un avantage sur les marchés fermes : la perte y est nécessairement limitée à un maximum qui est le montant de la prime.

Suit-il de tout ce que nous venons de dire que les individus qui vont opérer à la bourse sans avoir des éléments sérieux d'appréciation ne s'exposent pas à des risques considérables ne soient pas assurés même de se ruiner et de ruiner leurs familles dans un temps donné ? Nous n'aurions garde de le soutenir et nous ne voudrions pas que ce rapport pût servir d'encouragement aux naïfs qui croient que tout le monde est à même de gagner à la bourse.

Pour les ignorants du métier, la bourse est plus dangereuse encore que le baccarat : au baccarat, on a autant de chances pour soi que contre soi. A la bourse, celui qui n'est pas de la partie a toutes les chances contre lui.

M. Delangle proclamait cette vérité lorsqu'il disait, le 5 mars 1864, à la tribune du Sénat : « Le hasard de la bourse n'est pas un dieu aveugle qui se plait à déjouer tous les calculs. Le hasard a ses favoris ; comme le Protée de la Fable, il se laisse quelquefois enchaîner. » Mais il en déduisait la nécessité d'interdire les « jeux de bourse » plus encore que les jeux de hasard. Il nous semble que c'est la conclusion inverse qui s'en déduit. Là où il n'y a pas pur hasard, il n'y a pas jeu.

Quant à ceux qui s'aventurent sur le pavé de la bourse sans rien connaître à ce qui s'y passe, ils sont quelque peu comparables à ces personnes que l'on voit si souvent parler médecine ou politique sans jamais avoir étudié les lois de la biologie ou celles qui régissent les sociétés. Tant pis pour eux et pour ceux qui s'abandonnent à leurs conseils. La loi aurait trop à faire à vouloir garantir les humains contre leur propre sottise.

Du reste, la bourse n'est pas le seul endroit où les ignorants du métier soient assurés d'éprouver des revers. L'homme qui veut faire le commerce des grains, des métaux, des bois, des savons, des huiles, sans s'être mis au courant des causes qui peuvent influer sur les cours de ces marchandises, perdra son capital quatre-vingt-dix-neuf fois sur cent.

L'homme qui voudra ouvrir une usine sans connaître le principe de l'industrie qu'il entreprend est plus sûrement encore ruiné d'avance.

On peut même établir que moins le hasard entre pour élément dans ce que l'on fait, plus est certain l'échec de qui ne connaît pas le métier.

A vouloir éviter les malheurs qui naissent de l'ignorance, de la vanité, de la sottise, il faudrait aller jusqu'à supprimer la liberté. Il n'y a pas de juste milieu : ou le régime de la liberté se limitant elle-même avec son cortège d'abus, mais aussi avec ses immenses avantages, ou le régime de la liberté avec ses risques individuels, mais aussi avec ses effets généraux bienfaisants,... ou la substitution en toute chose de l'État à l'individu, le communisme, qui supprime la chance, le hasard, l'aléa, mais qui fait du même coup disparaître l'émulation, l'esprit d'invention et de découverte ; qui arrête la production ; qui, sous prétexte d'une répartition équitable, n'a plus rien à répartir ; qui, pour éviter quelques malheurs privés, quelques ruines particulières, en arrive au malheur général, à la ruine universelle.

On objecte qu'à la bourse l'escroquerie se donne beau jeu. Cela est certain ; mais de l'escroquerie, la bourse n'a pas le monopole. L'homme qui me vend du drap brûlé comme étoffe de qualité supérieure ; celui qui, profitant de l'insuffisance de mes connaissance hippiques, me passe un cheval vicieux et de rebut pour une bête de sang; le boucher qui me fait payer du bœuf et qui me vend de la vache filandreuse; le spécialiste qui m'expédie ses prospectus, qui affiche sur tous les murs qu'il possède une panacée et qui débite par ce stratagème des drogues sans efficacité; tous ces chevaliers d'une industrie douteuse me volent au même titre que le financier qui vante ses actions et qui m'extorque une prime non justifiée. Il n'y a aucune raison pour soumettre les uns à des mesures préventives auxquelles on ne soumettrait pas les autres. Le vol, le dol, la fraude, l'escroquerie sont punis par nos codes, sous quelque forme et dans quelques conditions qu'ils se produisent, et cela n'a rien à faire avec l'exception de jeu.

Priver un agent de change honnête d'exercer une répétition contre un client dont il a exécuté les ordres et qui refuse de le payer en prétendant qu'il a joué, et cela sous le prétexte qu'il se commet des escroqueries à la bourse, c'est absolument comme si l'on voulait détruire le commerce honnête parce qu'il existe des banqueroutiers et des faillis parmi les commerçants.

La question des marchés à terme, fermes ou à prime, aboutissant à des livraisons de titres ou à des payements de différences, doit être examinée en elle-même, dépouillée de toutes les considérations accessoires que l'on peut greffer sur elle, et s'il résulte de cette étude, comme nous croyons que cela ressort de l'analyse qui précède : que ces marchés ne participent en aucun cas de la nature du jeu; qu'ils sont indispensables et ne sauraient disparaître sans tuer la spéculation productive; on doit les valider, c'est-à-dire reconnaître les obligations qui en découlent.

. . . .

Ainsi, notre législation sur les marchés à terme et les obligations qui en résultent datent d'une époque où le crédit était naissant, et sont une anomalie dans notre société.

Elle est condamnée par les hommes d'Etat les plus éminents, les hommes d'affaires les plus considérables et par la plupart des nations étrangères.

Elle favorise le jeu au lieu de l'entraver, facilite les crises, et, contrairement à l'esprit qui l'avait fait introduire, elle offre une prime à l'immoralité.

Elle établit des assimilations que la science économique réprouve entre le jeu, toujours improductif et nuisible, et la spéculation qui, même lorsqu'elle ne vise que des règlements par différences, joue un rôle nécessaire dans le mécanisme social.

Votre Commission ne pouvait donc que se prononcer en faveur de la liberté absolue des transactions à terme.

Cette décision, qu'elle a prise à la presque unanimité, écartait par cela même, et par une espèce de question préalable, la proposition de notre honorable collègue, M. Lagrange, conçue, nous l'avons dit, dans un esprit diamétralement opposé à celui qui anime la plupart de ses membres.

Votre Commission a également écarté la proposition de M. Ballue. Cette proposition ouvrait des questions étrangères à celles dont nous étions plus spécialement saisis, des questions fiscales, beaucoup plus du ressort de la Commission du budget que de celle instituée par vous pour examiner la législation des marchés à terme. De plus, M. Ballue, au cours des intéressantes explications qu'il a bien voulu nous donner, a laissé percer d'une manière non douteuse son désir de restreindre le nombre des opérations qui se traitent sur notre grand marché des valeurs. Or, nos sentiments sont inverses de ceux qu'exprimait à ce point de vue notre collègue. Nous croyons que la prospérité de la France est intimement liée au développement de la spéculation. Loin de restreindre celle-ci, nous désirons la voir s'accroître, et nous considérerions comme funeste à notre pays tout ce qui serait de nature à faire délaisser la place de Paris au profit des places étrangères. Un impôt sur les opérations de bourse pourrait incontestablement exercer une action de cette nature, et cela seul nous aurait suffi pour ne pas vous proposer de l'accepter.

Après avoir mis de côté les propositions de loi de M. Ballue et de M. Lagrange, il nous restait à chercher, entre les deux textes d'initiative parlementaire que nous avions retenus et celui du gouvernement, le texte définitif que nous proposerions à vos délibérations.

Le texte de l'auteur de ce rapport et celui de M. Janvier de La Motte étaient l'un et l'autre incomplets : le premier parce qu'il ne visait pas les négociations commerciales proprement dites ; le second en ce qu'il n'envisageait que les marchés conclus par l'intermédiaire des agents de change ou courtiers de commerce, et qu'aussi longtemps qu'on laisse subsister la coulisse, qu'on la considère comme une nécessité, il est illogique de frapper d'interdit les marchés contractés par son intermédiaire ; toutes deux parce qu'elles ne prévoyaient pas tous les textes dont la nouvelle loi entraîne naturellement l'abrogation. Restait le projet du gouvernement.

Au point de vue juridique, l'ensemble de ce projet est fort bien étudié, et votre Commission en a adopté sans discussion tous les articles, sauf une modification — mais une modification importante — qu'elle a fait subir à l'article premier.

Rappelons les termes de cet article :

Tous les marchés à terme sur effets publics et autres, tous marchés à livrer sur denrées et marchandises sont reconnus légaux.

Nul ne peut, pour se soustraire aux obligations qui en résultent, se prévaloir de l'article 1965 du code civil, *lorsque l'acheteur a le droit d'exiger la livraison ou lorsque le vendeur a le droit de l'imposer.*

Le deuxième membre de phrase du deuxième alinéa — celui que nous avons souligné — nous a paru dangereux ; il pourrait permettre à la jurisprudence de renverser toute l'économie de la loi.

Les magistrats y verraient peut-être l'obligation imposée à celui qui invoquerait un marché de faire la preuve de la réalité du marché, ce qui est le renversement de l'ordre juridique de la preuve en toutes matières.

Les dangers du § 2 du deuxième alinéa de l'article premier du projet du gouvernement n'ont pas frappé les seuls membres de votre Commission. En dehors de nous, des négociants, commissionnaires et courtiers s'en sont émus et nous ont adressé leurs observations . . . . . .

La solution à laquelle nous nous sommes arrêtés a été prise par nous à l'unanimité, moins une voix. Seul, l'honorable M. Sourigues s'y est opposé. Notre honorable collègue, en effet, tout en votant l'article premier, a déclaré qu'il ne voterait pas l'ensemble de la loi, si la Chambre n'admettait pas un article additionnel dont il nous a saisis sous forme d'amendement. Cet article, qui se rapproche beaucoup de la proposition de loi de M. Lagrange, nous a paru de nature, s'il était accepté, non seulement à faire perdre à la loi nouvelle tous ses effets salutaires, mais encore à aggraver la législation existante et surtout la manière dont la jurisprudence l'interprète.

L'amendement de M. Sourigues est ainsi rédigé.

Art. 1er. — Remplacer comme suit le premier alinéa de cet article :

Sous réserve des conditions qui seront stipulées dans l'article 2 ci-après, tous marchés à livrer sur denrées et marchandises, tous marchés à terme sur effets publics et autres, à l'exception des valeurs mobilières pour lesquelles le marché à terme serait déclaré nul par une loi, sont reconnus légaux.

Art. 2. — Tout banquier, agent de change, commissionnaire, courtier, changeur ou coulissier, qui vend à terme comme intermédiaire, des valeurs mobilières autres que des rentes françaises, pour compte d'un individu n'exerçant aucune des susdites professions, est passible d'une peine de huit jours de prison et dix mille francs d'amende, à moins qu'il ne puisse fournir la preuve que, avant d'effectuer l'opération dont il s'agit, il a reçu : soit les valeurs qui

en ont fait l'objet, soit un titre donnant droit au vendeur ou à son cédant d'exiger d'un tiers la délivrance des valeurs en question avant le jour d'échéance de
la dite vente ou au moins au dit jour,

Au cas où l'opération dont il s'agit donnerait lieu à une action judiciaire
entre les deux contractants visés dans l'alinéa qui précède, le tribunal saisi par
l'assignation, s'il est correctionnel ou civil, devra, avant de se prononcer sur le
fond, statuer sur l'application des peines édictées, dans le présent article; si, au
contraire, l'assignation est donnée devant le tribunal de commerce, ce dernier
se prononcera d'abord en fait sur le cas de l'intermédiaire, et son président
transmettra immédiatement cette partie du jugement au procureur de la République qui, lui, de son côté, devra, dans la huitaine, requérir, s'il y a lieu, devant le tribunal correctionnel, l'application des peines susdites.

M. Sourigues s'est proposé d'empêcher l'opération, dont nous avons
parlé dans le cours de ce rapport, qui consiste à raréfier d'abord les
titres d'une société, à en provoquer ensuite des ventes à découvert, à
faire naître ainsi un déport considérable sur ces valeurs et, suivant
l'expression consacrée, à étrangler ceux qui ont vendu.

Il lui a été répondu : Nous reconnaissons volontiers que des spéculations de mauvais aloi ont pu être et pourront être encore entreprises
par ce système. C'est aux citoyens qu'il appartient de se garantir contre
ces dangers en ne vendant pas ce qu'ils ne peuvent pas livrer, avant de
s'être au préalable assurés que le marché est abondamment pourvu et
que, à l'échéance, ils auront le moyen de se procurer les titres vendus
par eux. La société n'a pas à se substituer aux individus et à les maintenir éternellement en tutelle. Libres et majeurs, c'est à eux qu'il appartient de défendre leurs intérêts, et la loi ne doit intervenir que lorsqu'ils ont été victimes de dol, d'escroquerie, de manœuvres dolosives.

D'ailleurs pour éviter ici un mal exceptionnel, on rendrait impossibles les marchés à découvert, c'est-à-dire que, permettant la spéculation à la hausse, on opposerait des obstacles insurmontables à la
spéculation à la baisse. Il est cependant tout aussi légitime de la part
de celui qui prévoit la baisse de profiter des cours du jour pour vendre
ce qu'il espère pouvoir racheter à plus bas prix au jour de la livraison,
qu'il est légitime de la part de celui qui croit à la hausse de faire l'opération inverse. Permettre les marchés à terme et déclarer illégitimes les
marchés à découvert, ce serait remonter à l'arrêté du 27 prairial an x
dont les tribunaux ont, depuis cinquante ans, considéré l'application
comme impossible.

L'amendement de M. Sourigues, s'il avait l'assentiment des chambres,
présenterait, en outre et à un degré beaucoup plus élevé, le grave défaut
que nous avons déjà reproché au texte du gouvernement : il renverse-

rait absolument l'ordre de la preuve juridique en obligeant celui qui invoquerait un marché qu'il aurait en mains à faire la preuve de l'existence de ce marché pour en revendiquer l'exécution.

De plus, et c'est par là que l'amendement de notre honorable collègue est pire que l'arrêté de prairial lui-même, M. Sourigues créerait des catégories de citoyens. Il y aurait des personnes auxquelles les marchés à découvert seraient permis et des personnes à qui ces marchés seraient interdits. — Et, chose remarquable, ceux à qui les marchés à découvert seraient permis seraient justement ceux qui s'y livrent, c'est-à-dire, les hommes de banque et de finance, tandis que ceux à qui on les interdirait ne sont autres que la masse des petits spéculateurs qui n'en font jamais, et n'en connaissent même pas le mécanisme, si bien que la proposition de notre collègue introduirait dans la loi des dispositions dangereuses pour le marché et absolument impuissantes à atteindre le but qu'il a en vue.

M. Sourigues nous dit, il est vrai, qu'il n'a pas la prétention d'avoir trouvé ce qu'il y a de meilleur et que peut-être si nous voulons chercher dans la même voie que lui nous trouverons mieux. Nous craignons bien qu'il n'ait trouvé ce qu'il y a de pire. Quant à nous, convaincus que toutes les dispositions restrictives en matière économique augmentent le mal au lieu d'y porter remède, que le vrai préventif est la liberté de toutes les transactions et la responsabilité certaine qui en résulte pour le spéculateur, nous n'avions aucune tendance à nous engager sur le chemin où voulait nous entraîner notre honorable collègue et à chercher ce que nous savions d'avance ne pouvoir pas être trouvé.

Votre Commission a donc rejeté purement et simplement l'amendement de M. Sourigues, par les motifs que nous venons de vous faire connaître, comme elle avait rejeté la proposition de M. Lagrange, et elle a adopté le projet du gouvernement avec la modification à l'article 2 que nous avons indiquée.

Quelques observations ont été présentées toutefois à propos de l'article 5, portant que « les dispositions de l'article 419 du code pénal sont applicables aux effets autres que les effets publics (1) ». — On s'est demandé si cet article était bien nécessaire et si le mot *effets publics* ne s'appliquait pas à toutes les valeurs qui se négocient en Bourse.

Mais l'exposé des motifs du projet du gouvernement rappelle un

______

(1) Cet article frappe d'une peine de 500 fr. à 1,000 fr. d'amende et de un mois à un an de prison ceux qui auraient opéré la hausse ou la baisse des valeurs par des moyens frauduleux.

arrêt de la cour de Paris du 1er juin 1843, qui répond à cette objection : interprétant restrictivement les termes de l'article 419, l'arrêt de 1843 déclare les peines prévues par cet article inapplicables à ceux qui usent de fraudes pour faire varier les cours des actions et obligations des sociétés, et autres valeurs, qui seraient considérées comme ne rentrant pas dans la qualification d'*effets publics* réservée aux seuls fonds d'État. La loi ne pouvant être trop claire, et les manœuvres frauduleuses tendant à faire varier les cours des actions ou obligations de sociétés devant être punies tout comme celles qui visent les fonds d'État, plus même, parce qu'il est plus facile, et par suite plus dangereux, d'impressionner le marché à propos d'une valeur privée qu'à propos de nos rentes publiques, votre Commission n'a fait aucune difficulté pour accepter l'article 5 du projet.

Les idées de la Commission étant ainsi fixées sur la rédaction à adopter, nous avons pensé qu'il était utile, avant de déposer le rapport, de soumettre cette rédaction à M. le ministre de la justice, afin que le gouvernement pût nous dire s'il se ralliait aux modifications que nous avions cru devoir apporter à son projet ; ou pour qu'il nous donnât, dans le cas contraire, les raisons trop imparfaitement indiquées dans son exposé des motifs, qui le porterait à persister dans sa rédaction primitive.

M. le garde des sceaux nous a fait connaître qu'il acceptait purement et simplement le texte arrêté par la Commission.

C'est donc, d'accord avec le gouvernement, que nous avons l'honneur de vous soumettre le projet de loi suivant :

PROJET DU LOI.

Art. 1er. — Tous marchés à terme sur effets publics et autres, tous marchés à livrer sur denrées et marchandises sont reconnus légaux.

Nul ne peut, pour se soustraire aux obligations qui en résultent, se prévaloir de l'article 1695 du code civil, lors même qu'ils devraient se résoudre par le payement d'une simple différence.

Art. 2. — Les articles 421 et 422 du code pénal sont abrogés.

Art. 3. — Sont abrogées les dispositions des anciens arrêts du conseil des 24 septembre 1724, 7 août, 2 octobre 1785 et 22 septembre 1786, les articles 15, chapitre Ier, 4, chapitre II, de la loi du 28 vendémiaire an iv, 13 de l'arrêté du 27 prairial an x, les articles 85, §§ 3 et 86 du code de commerce.

Art. 4. — Les conditions d'exécution des marchés à terme par les agents de change seront fixées par le règlement d'administration publique prévu par l'article 90 du code de commerce.

Art. 5. — Les dispositions de l'article 419 du code pénal sont applicables aux effets autres que les effets publics.

IV

La législation belge appréciée par M. COURTOIS.

M. Courtois fils, secrétaire de la Société d'économie politique de Paris, a écrit un *Traité des opérations de bourse*, dont dix éditions n'ont pas épuisé le succès. Voici comment M. Courtois apprécie, dans cet ouvrage, la législation qui nous régit :

« La loi du 30 décembre 1867 a aboli le monopole des agents de change et établi le marché libre. Il est vrai que, en même temps, l'opération dite de jeu, c'est-à-dire faite avec l'intention de ne la liquider que par une différence de bourse, est proscrite comme en France, ce qui cause à la profession d'agent de change une insécurité qui, surtout sur une place de second ordre, n'est que trop souvent fatale au crédit des intermédiaires. On en voit, d'ici, les conséquences : la moyenne des qualités morales des titulaires ne manque pas de baisser, malgré certaines individualités hautement placées dans l'estime publique. C'est ce qui est arrivé chez nos voisins; ils en sentent malheureusement l'effet mieux qu'ils n'en devinent la cause ; la preuve en est qu'ils demandent actuellement le retour à une demi-réglementation, au lieu de supprimer cette aberration qui consiste, en refusant à des contribuables la sécurité qu'on leur vend à beaux deniers, à donner une prime à la mauvaise foi qui vient, avec cynisme, argüer de son indignité à la face même de la justice, pour empocher plus sûrement l'argent d'autrui. Conservez votre marché libre, ô Belges ! mais assurez le droit commun à tout ce qui n'est pas reconnu frauduleux, la fraude ne se présumant jamais devant la justice (1). »

(1) Courtois fils, *Traité des opérations de bourse*, 8ᵉ édition p. 225.

V

Notice explicative sur les Reports (1).

Le report est la différence des deux prix auxquels se négocie une valeur à la bourse, selon qu'elle est achetée au comptant ou livrable contre payement à l'époque de la liquidation. Le principe du report ressort d'une cause première dont l'effet, cependant, est modifié par plusieurs circonstances accessoires.

Les titres, marchant toujours vers l'échéance d'un coupon, s'augmentent chaque jour d'une fraction de la valeur de ce coupon. Ainsi, pour offrir un exemple, la rente 3 pour cent qui touche un coupon trimestriel de 75 centimes, doit gagner par mois le tiers de ce coupon, soit 25 centimes. Théoriquement, le prix de la rente, vendue le premier du mois au comptant, doit donc être plus faible de 25 centimes que le prix de la rente vendue le même jour livrable fin du mois ; autrement dit, à cette date, le report doit être de 25 centimes. Telle est la cause première. Quant aux circonstances accessoires, elles sont toutes la conséquence de la grande loi économique de l'offre et de la demande ; elles proviennent, comme le savent les personnes familiarisées avec la bourse, de l'abondance ou de la rareté des capitaux qui cherchent un emploi temporaire, de la manière dont la spéculation se trouve engagée, et de causes diverses qu'il est inutile d'énumérer. Il résulte de tout ceci que le report varie à chaque mois ; il peut devenir nul, et même tourner au détriment du comptant. Dans ce dernier cas, on le nomme déport.

L'existence du report permet une opération qui consiste à acheter au comptant et, en même temps, à revendre fin du mois à un prix différent, ou inversement ; c'est ce qu'on appelle reporter ou se faire reporter. Le *reporteur* est celui qui, simultanément achète au comptant et revend à terme, le *reporté*, celui qui vend au comptant et achète à terme.

Ce double marché doit être considéré à deux points de vue. Car — il faut apporter à cela la plus grande attention, — *il joue un rôle entièrement différent selon qu'il est précédé ou non d'une opération antérieure.*

Prenons le cas où ce double marché n'est précédé d'aucun autre. Alors, on va le voir, il est praticable seulement pour ceux qui fournissent des capitaux en qualité de reporteurs, ou pour ceux qui remettent

(1) Extrait de la brochure de M. Gaston Le Couppey, *La spéculation et les reports devant la loi*, Paris, Guillemin et Cie.

leurs titres en qualité de reportés ; mais il reste inaccessible pour les spéculateurs qui n'apportent ni capitaux ni titres.

Dans ce premier cas, l'opération du report, pour le reporteur, n'est pas autre chose qu'un emploi temporaire de fonds. En effet, il achète au comptant, il solde, et on lui livre le titre ; mais ce titre il ne l'a entre les mains que pendant un mois, puisque, au moment même où il l'a acheté au comptant, il l'a revendu fin courant au même prix plus le report. Il le rendra donc à cette époque et rentrera dans son capital, plus un léger bénéfice. Dans ce cas, le reporteur reste complètement étranger à la hausse ou à la baisse, puisqu'il retrouve, avec un profit fixé d'avance, le capital qu'il a versé, quels que soient, d'ailleurs, les cours à la fin du mois.

Le reporté fait l'opération inverse : il se procure des fonds momentanément. Effectivement il vend ses titres au comptant, en touche le montant et, du même coup, les rachète fin du mois au même prix, plus la faible différence du report. Dans ces conditions-là, le reporté devant recouvrer ses titres au taux où il les a vendus, plus le report, se trouvera atteint par la hausse ou la baisse, exactement comme s'il les avait gardés en portefeuille.

Examinons maintenant la situation toute différente où il existe une opération antérieure. Dans ce cas, le report, loin d'être réservé seulement aux porteurs de titres et aux capitalistes, devient un marché possible pour ceux qui ne fournissent ni titres ni argent.

Nous allons voir qu'alors le report, répondant à un tout autre objectif, devient le moyen de conserver la position de celui qui a fait une opération antérieure. Pour plus de clarté, prenons un exemple : A, dans le courant de janvier, a acheté de la rente à 3 pour cent livrable en liquidation ; mais il n'a pas l'intention, à l'échéance, de livrer les titres achetés, et veut, au contraire, conserver sa position, c'est-à-dire rester acheteur à terme. Que fait-il ? Le dernier jour du mois, il revend ses rentes livrables fin janvier, et, le même jour, les rachète livrables fin février. Ce sont là deux marchés distincts. Par le premier, il se liquide pour janvier, par le second, il s'engage de nouveau pour février. Maintenant, rapprochons par la pensée ces deux marchés, et voyons ce qui résultera de ce rapprochement. Le dernier jour de janvier, vendre livrable fin janvier n'est-ce pas en réalité vendre au comptant ? or, d'un côté, vendant au comptant, d'un autre côté achetant fin février, A se trouve exécuter la double opération qui consiste à se faire reporter.

Inversement, si B, qui, dans le courant de janvier, a vendu de la rente 3 pour cent fin du mois, veut rester vendeur à terme, il rachète le dernier jour, se trouve liquidé pour janvier et, le même jour, vend fin février. Son opération, on le voit, consiste à reporter, puisqu'il achète au comptant et revend en même temps à terme.

En un mot, un reporteur est un capitaliste qui emploie momentanément son argent, ou un vendeur qui, ayant vendu antérieurement, veut conserver sa position de vendeur à terme. Le reporté est une personne qui se procure des fonds sur ses titres, ou un acheteur qui, ayant acheté précédemment, veut conserver sa position d'acheteur à terme.

Rôle des reports et de la spéculation dans la souscription des cinq milliards.

Dans cette opération remarquable par ses proportions colossales, les deux émissions réunies s'élevèrent à cinq milliards cinq cents millions. Bien qu'elle ne fût exigible qu'en 32 payements mensuels, cette somme énorme était très supérieure au chiffre des épargnes qui pouvaient répondre à une telle demande. Aussi ces deux emprunts ne furent-ils couverts qu'avec le concours des plus importantes maisons de banque qui versèrent dans la souscription tous leurs fonds disponibles. Cette intervention, cependant, ne résolvait pas complètement la question. Les maisons de banque en question avaient consacré en majeure partie leurs capitaux aux premiers versements ; en outre elles n'avaient, pour une portion, que la disposition momentanée de ces sommes. Elles étaient donc hors d'état de faire les versements ultérieurs et de garder l'intégralité du montant de leurs souscriptions. Tout en conservant les quantités de rentes compatibles avec leurs ressources, il leur fallut, dans un délai assez rapproché, vendre le surplus et faire passer en d'autres mains une partie d'un fardeau devenu trop lourd. En présence de ces réalisations forcées et de l'insuffisance notoire de l'épargne du moment, il était donc indispensable qu'il se présentât de nouveaux acheteurs temporaires. Or, qui pouvait avoir des forces suffisantes pour assumer une tâche devant laquelle reculaient les plus grandes puissances financières? Personne. La spéculation qui, à ses risques, prend charge de valeurs flottantes, pouvait seule intervenir dans la situation. C'est ce qu'elle fit. Elle ramassa tous les titres qui ne trouvaient pas d'acquéreurs sur le marché, et se fit reporter aussi longtemps qu'il le fallut pour attendre les achats de l'épargne.

La spéculation put même entreprendre cette opération avec facilité, eu égard aux capitaux considérables qu'elle trouva pour se faire reporter.

Aujourd'hui, il existe une masse énorme de ressources utilisables pour un emploi de ce genre. Ce sont toutes les épargnes autrefois éparses dans les caisses privées, et qui étaient mises de côté pour des usages divers, les fonds affectés à une échéance prochaine, à une dépense prévue, à une affaire projetée, etc., etc. Ces réserves, qui naguère étaient inactives, sont maintenant rassemblées et rendues disponibles au moyen des banques de dépôt, qui ont pris une immense extension par l'usage actuellement universel des comptes courants. A cette énumération, on doit ajouter les sommes réservées par les compagnies de chemins de fer et les grands établissements financiers pour le payement de leurs coupons. On arrive ainsi à des centaines de millions pour chiffrer cette masse de capitaux sans cesse renouvelés et dont les détenteurs ne peuvent pas courir de risques. Or, les reports, placement de toute sécurité et constamment renouvelables remplissent ces conditions.

Par le fait d'un concours si puissant, il fut possible aux acheteurs de garder pendant un long espace de temps une quantité considérable de titres en report. L'épargne put alors reconstituer peu à peu de nouvelles ressources et venir acheter, par des demandes répétées chaque jour, tous les titres flottants sur le marché.

Bien qu'il n'entre pas dans notre programme de prouver la nécessité de la spéculation, nous ne pouvons laisser de signaler en passant l'immense service qu'elle rendit au pays par son intervention.

Grâce à son concours, la rançon put se payer aisément, de terribles embarras furent écartés, et l'heure de la libération du territoire put même être avancée.

Il nous reste à justifier par quelques chiffres l'exactitude de nos assertions. D'après les déclarations officielles, on voit qu'en janvier 1874 l'avance des versements ultérieurs vis-à-vis du trésor a porté sur 10,800,000 francs de rente 5 pour cent. Or, comme le montrent les documents financiers de cette période, les acheteurs qui se chargeaient des titres flottants ne prenaient que de l'emprunt non libéré dont le report était naturellement moins fort. L'épargne, au contraire, n'achetait que de l'emprunt libéré pour profiter d'une certaine bonification d'escompte. On peut constater ce fait par l'examen des ordres d'achats transmis journellement, à cette époque, par les trésoriers généraux. Pour répondre aux demandes de placement, il fallait donc que les derniers versements fussent effectués sur les titres remis par la spéculation. Le chiffre des rentes libérées chaque mois donnait dès lors une indication certaine du solde de 5 pour cent entré mensuellement dans les portefeuilles des rentiers. D'après cela, on peut affirmer qu'en janvier 1874, l'épargne a prélevé pour 10,800,000 francs de rente 5 pour cent, soit

200,000,000 de francs environ en capital. Un calcul analogue donne un milliard pour l'année entière et 4 milliards de 1871 à 1875. Si, aux milliards ainsi versés par le public, on ajoute le produit de valeurs étrangères vendues par arbitrages pour remploi en rente française, somme évaluée généralement à un milliard et demi, on voit qu'il a fallu arriver environ jusqu'au milieu de l'année 1875 pour que les cinq milliards et demi des deux emprunts fussent classés.

VI

Lettre de l'auteur au « Journal des Tribunaux » (1).

Dans le n° 21 de votre journal, vous critiquez le rapport de M. Bock-stael sur la pétition des agents de change demandant la suppression de ce qu'on appelle l'exception de jeu, et vous êtes amené, dans le cours de cette analyse, à vous occuper, d'une façon trop flatteuse du reste, de quelques articles que j'ai publiés dans la *Belgique judiciaire*. Il est vrai que, semblable au sacrificateur ancien, vous ne donnez des fleurs à mon travail que pour mieux l'immoler aussitôt après sur l'autel que vous élevez à l'article 1965 du code civil.

Pour vous, cette disposition de la loi est sacrosainte et doit être considérée comme telle par tout le monde : en refusant de donner une action aux dettes de jeu, elle consacre un principe éminemment utile et bienfaisant : « Le jeu, en effet, tue l'esprit de travail et le travail est un intérêt social de premier ordre. »

Voilà certes un principe que personne ne songera à attaquer, et pas n'était besoin de l'insérer dans le *Journal des Tribunaux* pour en faire ressortir l'importance et la vérité. Vous auriez même été plus loin, vous auriez emprunté au législateur du code son style imagé et énergique, et vous auriez dit avec lui que le jeu « est un monstre antisocial qui dévore la substance des épouses et des enfants... », tout le monde vous aurait applaudi et aurait reconnu avec vous que le jeu possède ces qualités néfastes et dévorantes.

Ne croyez donc pas que les partisans de notre opinion veuillent toucher à l'article 1965 ; bien au contraire, nous demandons qu'on laisse cet article dans l'arche sainte pour laquelle il a été créé, nous deman-

(1) *Le Palais*, n°ˢ 11 et 12.

dons qu'il reste à sa place dans le chapitre Ier, titre XII, livre III, du code civil et qu'on ne l'en extraye pas pour le transporter dans le monde commercial, qui ne veut pas l'accueillir et pour l'appliquer à des contrats pour lesquels il n'a pas été fait.

Car enfin, voici la véritable question qui se pose et qui mérite d'être discutée d'une façon explicite : « Les combinaisons auxquelles on applique, la disposition du code civil sont-elles des conventions de jeu ou des paris? »

Oui, répondrez-vous, lorsque l'on constate dans ces combinaisons l'existence des éléments définis par la jurisprudence, c'est-à-dire « lorsque l'intention commune et constante des parties a été, dès l'origine, de résoudre exclusivement ces marchés en un simple payement de différence sur la hausse ou la baisse du cours des fonds ou marchandises dont on a traité à terme. »

Vous n'êtes pas, il faut l'avouer, systématiquement hostile à la bourse; vous ne demandez pas, comme le faisait l'un de nos plus grands criminalistes il y a quelques années et tout récemment un député français, la proscription de tous les marchés à terme.

Vous reconnaissez, au contraire, l'utilité de ces marchés, vous admettez qu'ils servent puissamment le crédit public et qu'ils favorisent, bien plus que les opérations au comptant, les émissions d'emprunt si nécessaires à la prospérité matérielle des nations. Mais [vous vous effrayez des scandales qu'offre la bourse, vous vous indignez de voir des fortunes élevées rapidement, sans efforts, sans travail, et d'autres fortunes perdues sur un coup de dés et englouties dans le gouffre de l'agiotage.

Eh bien, croyez-moi, cette indignation nous la ressentons aussi, et nous applaudirions de grand cœur à toute mesure qui atteindrait ces scandales.

Mais le moyen que l'on emploie actuellement, mais l'exception de jeu même restreinte dans les limites que vous lui assignez, loin de remédier au mal, le favorise et l'augmente.

Avant d'aborder et de traiter en quelques mots ce point de vue de la question, permettez-moi d'examiner les combinaisons différentielles auxquelles on applique l'épithète et les conséquences du jeu.

Un point doit nous arrêter tout d'abord dans la formule que vous acceptez, c'est cette *intention* que doivent rechercher les tribunaux pour établir le jeu.

Toutes les affaires de bourse, vous ne l'ignorez pas, revêtent la même apparence, toutes se traitent par l'intermédiaire des agents de change et se constatent par des bordereaux et des *contrats*. Vous allez donc soulever ces documents qui d'ordinaire font foi en justice; vous allez, dans l'intérêt du débiteur malhonnête qui refuse de tenir ses engagements, vous allez rechercher l'*intention secrète* des parties et voir, non pas ce qu'elles disent et écrivent avoir fait, mais ce qu'elles ont *voulu* faire dans leur for intérieur. C'est, en effet, le travail auquel se soumettent nos cours, et ce travail participe bien plus, semble-t-il, des devoirs du juge d'instruction que de l'office d'un magistrat civil ou consulaire.

Quant aux éléments d'appréciation que l'on prend pour guides dans cette triste enquête, quant *au fait de la livraison des titres et au rapport entre l'importance des opérations et la fortune des contractants,* nous ne les critiquerons pas... parce qu'ils ont déjà été critiqués avec une sévérité qui ne nous est pas permise, par deux artisans laborieux du travail législatif, par MM. Pirmez et Jamar.

Il y a une vingtaine d'années, en effet, on proposa d'enfermer dans un texte de loi la formule que vous adoptez et de déclarer que « les marchés qui, sous forme de vente ou de tout autre contrat, ne contiendraient que des obligations éventuelles de payer les différences des cours au terme convenu, seraient régis par les dispositions du code civil sur le jeu et les paris. »

Cette formule, comme vous le voyez, est identique à la vôtre. MM. Pirmez et Jamar démontrèrent, dans des rapports très étudiés, que l'on ne peut reconnaître le jeu d'après ces éléments, et leurs conclusions furent accueillies par nos chambres. Et d'ailleurs, il est difficile de comprendre pourquoi l'intention de liquider une opération de bourse par le payement d'une différence donnerait à cette opération le caractère du jeu.

Voici, par exemple, un spéculateur qui achète les titres d'un emprunt récemment émis pour une quantité supérieure à ses ressources personnelles. Il n'a l'intention que de réaliser un bénéfice sur la différence des cours, c'est-à-dire de revendre les titres dès que la hausse qu'il prévoit se produira et avant l'échéance au terme fixé pour la prise de livraison. Il n'a jamais eu les titres en mains..., peut-on dire pourtant qne son opération soit du jeu ?

Ah ! certes, vous étonneriez fort ce financier en lui faisant une pareille question, et je crains bien qu'aucun argument ne pourrait lui faire admettre que les combinaisons, les spéculations qui ont agité son esprit pendant la journée et qui l'ont fatigué à l'extrême doivent être assimilées au jeu qui le délasse et le repose pendant la soirée.

Car enfin, ce spéculateur a tout un travail intellectuel à accomplir; il doit étudier le pays dont il veut traiter les titres, connaître ses ressources et sa puissance de production ; il doit s'enquérir de mille et une choses et posséder complètement certaines règles économiques ; loin de se laisser guider par le hasard, il doit *essayer de lui ravir tout ce qu'il est humainement possible de lui enlever*. Qu'importe la tradition des titres, qu'importe le payement de la différence? Le travail de notre spéculateur n'est-il pas bien différent du mobile stupide et irraisonné qui guide le joueur, et la différence qu'il veut gagner ne la poursuit-il pas au moyen de ses *efforts, de son activité et de son intelligence?*

« Mais cette spéculation, me direz-vous, qui porte uniquement sur le
« payement de différences et qui n'aboutit à aucune livraison de titres,
« est-elle utile à la société, a-t-elle son rôle dans le travail univer-
« sel ? »

A cette question nous répondrons hardiment *oui*, fort de l'autorité que nous prête l'opinion de la plupart des économistes. Ceux-ci reconnaissent que cette spéculation a pour effet de maintenir les cours puisqu'elle profite de la plus petite variation pour vendre si le cours lui paraît trop élevé, pour acheter si elle croit à une hausse prochaine.

Elle empêche ainsi les fluctuations trop brusques qui effrayent l'épargne et sont un obstacle au placement des capitaux ; or, une certaine stabilité dans les cours est nécessaire.

« Il faut », dit M. A. Naquet dans un article récent, « il faut, pour qu'une entreprise réussisse, que le public puisse se défaire de ce qu'il a acheté, ou racheter ce qu'il a vendu. Chacun alors, sûr, en tout cas, de limiter sa perte, se précipite sur les titres offerts... Ce classement fait, l'émission réussit et les travaux sont exécutés. C'est ainsi qu'on a pu construire nos chemins de fer, que l'État a pu emprunter les cinq milliards nécessaires à la libération du territoire et que l'on a pu réaliser les œuvres les plus grandioses. »

Il nous reste à dire quelques mots de l'*utilité* de l'application de l'article 1965 aux opérations de bourse.

Or, l'expérience est décisive sur ce point et démontre à l'évidence que cette disposition a eu des conséquences tout opposées à celles qu'on en espérait. Les seules personnes punies jusqu'à présent par l'exception de jeu ont été, il faut bien le dire, les intermédiaires qui ont cru à l'honnêteté de leurs clients. Quant à ceux que l'on a voulu atteindre, quant à ceux qui se prêtent trop complaisamment aux combinaisons aléatoires des particuliers, ils sont rarement touchés par l'article 1965, parce qu'ils ont l'habitude de se faire remettre des *couvertures*, c'est-à-dire des avances en titres ou en argent. Or, ceux-là, l'article 1967 les protège contre toute revendication.

Mais, d'un autre côté, la certitude de pouvoir opposer, le cas échéant, l'exception de jeu a produit les plus tristes conséquences.

Bien des personnes qu'aurait retenues la crainte de perdre leur propre avoir et celui de leurs enfants, se sont précipitées dans l'agiotage, certaines de pouvoir le faire avec impunité et d'avoir pour elles toutes les chances du gain sans être exposées à subir les pertes.

Les désastres financiers qui ont frappé si douloureusement la France et notre pays sont tout récents, et pourtant ils nous ont fourni déjà de nombreux exemples de ce fait, ils nous ont donné le spectacle peu édifiant de gens appartenant à toutes les classes de la société, vantant leur propre turpitude et amassant preuves sur preuves pour établir qu'ils n'ont pas voulu faire des opérations sérieuses, mais se livrer seulement à des jeux. La seule loi qui pourrait empêcher ces scandales et qui détournerait ces gens de la spéculation, ce serait la loi qui leur dirait : « Sachez que si vous faites des transactions à la Bourse, vous serez soumis à la règle commune des contrats et obligés de payer vos dettes. »

A l'appui de ce que nous disons, nous pouvons invoquer l'exemple des nations étrangères qui, placées dans des circonstances pareilles à celles où nous nous trouvons, subissant comme nous d'épouvantables *krachs*, ont effacé de leurs codes l'exception de jeu et décrété le maintien des contrats. L'Autriche, l'Italie, le canton de Genève ont admis la validité des marchés à terme, *même de ceux qui devraient se résoudre par des différences, d'accord avec les contractants.*

Enfin, dans le concert si nombreux des jurisconsultes et des économistes qui demandent la suppression de l'exception de jeu, permettez-moi de faire entendre la grande voix de Berryer et de donner ainsi une conclusion éloquente à ce modeste article :

« Ah! pourquoi », disait le grand orateur, « pourquoi, au lieu de dénier l'action civile pour raison des engagements pris dans les marchés à terme, n'a-t-on pas maintenu tous les droits de la loyauté, le respect et l'inviolabilité des engagements? Pourquoi n'a-t-on pas condamné l'homme qui a fait un marché à terme et qui n'en remplit pas les conditions? Une pareille jurisprudence eût singulièrement réduit le nombre des gens téméraires qui cherchent la fortune dans de folles entreprises, dans des opérations chimériques, sans qu'une responsabilité sérieuse, légale, les arrête sur la voie des engagements irréfléchis. »

TABLE DES MATIÈRES.

R. F.

ANNEXES.